春秋取义测

（清）法坤宏 著

中国海洋大学出版社
·青岛·

图书在版编目(CIP)数据

春秋取义测 / (清)法坤宏著. —青岛:中国海洋大学出版社,2023.4

ISBN 978-7-5670-3470-9

Ⅰ.①春… Ⅱ.①法… Ⅲ.①《春秋》—研究 Ⅳ.①K225.04

中国国家版本馆 CIP 数据核字(2023)第 059967 号

出版发行 中国海洋大学出版社
社　　址 青岛市香港东路 23 号　　**邮政编码** 266071
出 版 人 刘文菁
网　　址 http://pub.ouc.edu.cn
电子信箱 1193406329@qq.com
订购电话 0532—82032573(传真)
责任编辑 孙宇菲　　**电　　话** 0532—85902349
印　　制 青岛国彩印刷股份有限公司
版　　次 2023 年 4 月第 1 版
印　　次 2023 年 4 月第 1 次印刷
成品尺寸 170 mm×230 mm
印　　张 30.75
字　　数 400 千
印　　数 1～1000
定　　价 118.00 元

如发现印装质量问题,请致电 0532—58700166,由印刷厂负责调换。

馆藏《春秋取义测》影印出版序

《春秋取义测》十二卷，清胶州法坤宏撰，清乾隆五十九年(1794)粤省西湖街六书斋刻本。

法坤宏(1699—1785)，字直方，一字镜野，号迂斋，清代胶州营海法家庄人，法若真四世孙。《春秋取义测》是法坤宏生平著述中极为重要的一部经学著作。法坤宏认为孔子的《春秋》文词过于简略，后世学者虽有注解但释义不明确，造成了很多误解，遂著《春秋取义测》。此书与《纲目要略》可谓法坤宏毕生所学集大成之作。

馆藏《春秋取义测》封面及版心皆有"迂斋藏书"，是书应为法氏家刻藏书。卷端下所钤"冯登府藏""石坪""张镜夫"印，均为后世收藏家之藏书印。冯登府(1783—1841)，清嘉庆二十五年(1820)进士，官宁波府教授，宗古文桐城派，与阮元交好，谙熟金石掌故，又专于训诂学。所著《石经补考》，对汉魏唐蜀及清代石经详加甄录，成为后代研究石经者之参考要籍。冯登府藏书万余卷，尤好搜集金石文献。藏书处为石经阁，有《石经阁藏书目录》，著录藏书六百余种。《春秋取义测》一书经由冯登府收藏后，又辗转入藏张镜夫，终归于青岛市图书馆。

《春秋取义测》作为一部经学著作，版本传世较少，全国仅有十余家公共图书馆收藏，山东地区仅青岛市图书馆一家。近年来，随着明清地方家族文化研究的兴起，胶州法氏家族文化研究成果颇丰，不少学者多次来馆查阅法氏家族各代表人物的著作，法坤宏作为法氏家族中期最著名的代表，著述宏富，对研究清代胶州家族文化兴衰具有重要的史料价值。为满足学术研究的需要，实现其应有的学术价值，青岛市图书馆特将此书甄选出来影印出版。馆藏《春秋取义测》保存完好，刊刻精细，形制美观大方，今由中国海洋大学出版社影印行世，以飨读者，嘉惠学林。

青岛市图书馆

2022年10月

目　录

秋取義測
迂齋藏
01469

乾隆甲寅年鐫

膠州法坤宏著

春秋取義測

粵省西湖街六書齋刻

受業門人胡纕蘭手書

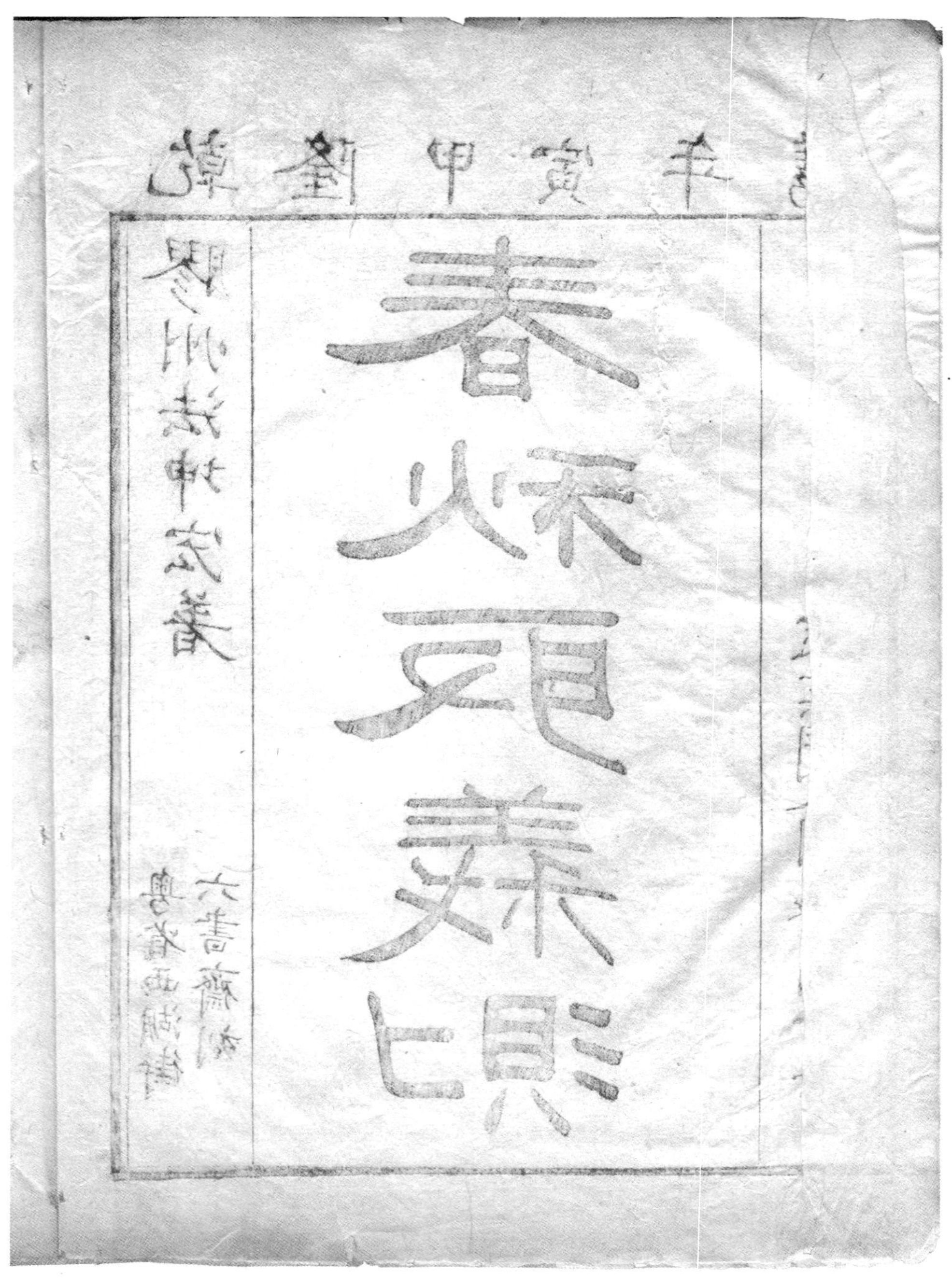
乾隆甲寅年鐫
春秋取義測
陽湖法坤宏著
六書齋藏
粵東西湖街

春秋取義測卷之一

膠州法坤宏

隱公

元年春王正月

春王正月王者建正之始月故謂之王正春秋開始大書之義繫於王正月也春王正月之文立而紀事有統矣取義有歸矣國君繼世改元必於歲之正月行即位禮正始也而隱公闕焉無其事闕其文此魯春秋之法因史文之本闕而闕之書正月不書即位以正諸侯之始無正

者此孔子修春秋之法春秋之修撥亂世返之正立元年春王正月之文以正二百四十二年諸侯大夫之行事此則所謂取義也

二月公及邾儀父盟于蔑

春秋之法事在二月書王二月事在三月書王三月今三月不書王者舉王正為重公隱公也不書即位疑於無公矣於始事書公特筆也正其名以責實名實定然後禮義有所錯及內詞也雖伯國會盟我往與之亦書公及僖五年公及齊侯會盟首止六年公及齊侯伐鄭圍新城內王國而外侯封內本國而

外諸夏此乃史例邾者魯之附庸儀父稱名微國之君之未爵命者盟好也初即位而修鄰好禮也故於始事舉之會盟征伐王事也諸侯大夫行之可乎諸侯大夫奉行王事者也行之而義則為有道行之而不義則為無道屬其文比其事是非功罪昭然具見孔子取義即於是乎在蔑盟地也地不繫國義繫於盟不繫於所盟之地特書盟志諸侯之自相為盟也此内盟之始

夏五月鄭伯克段于鄢

譏鄭伯之殺其弟也春秋之法敘世子母弟目君叚鄭伯弟不言弟者正名討賊屬籍已絕也此鄭志何以書春秋為王者而作莊不友叚不弟至於國內稱兵人倫之大變王事之所禁也故孟子曰春秋天子之事

秋七月天王使宰咺來歸惠公仲子之賵

或稱天王或稱王皆仍史文宰官名咺宰名宰有大小宰周公大宰也宰咺宰渠伯糾小宰也仲子惠公母稱惠公仲子母以子氏同僖公成風別嫡庶也歸賵歸含王朝郵侯國常禮春秋

獨于仲子成風而見者以天王而賵含諸侯之
妾母特筆之志禮之變
九月及宋人盟于宿
譏私盟也宋人宋之大夫孰及之公也不書公
者不以外大夫與公敵尊内也盟以結信義而
行之隱元年及邾儀父盟矣秋又及宋人盟矣
乃七年秋伐邾十年夏伐宋信義安在取義以
比屬而見故曰屬詞比事春秋教也
冬十有二月祭伯来
祭伯王官王官與外臣出入今勞其得交政非

私也周德雖衰典禮猶在故祭伯因事來魯而史書于册春秋書來不書事據祭公來逆后書事事無足書也譏王事之寖微也

公子益師卒

書卒君卒之也卒者人道之終君舉其禮史立其文春秋筆之以明敬大臣之義不書葬葬者臣子之事非公家所及

二年春

隱在位十一年自元年春月一書王正外餘月皆不書有特書以明義有不書以示例春秋義

例法也

公會戎于潛○夏五月莒人入向

此入國之始特筆之禮樂征伐自天子出諸侯擅之罪也○時王室衰遷諸侯小大相屬强弱相役向杞近魯我所屬役者也故其見入見伐志于魯史（據桓十六年城向向當是我屬邑）

無駭帥師入極

無駭不氏未命氏也不氏而書名人以事錄也書帥師重帥師也此内臣帥師之始

秋八月庚辰公及戎盟于唐

庚辰月之日也史家記事年必書月月必書日春秋筆削史文則有日有不日義繫書其事不繫書日與不書日也戎以號舉外之也聲教之外王者所弗治會戎盟戎皆譏辭

九月紀履緰来逆女冬十月伯姬歸于紀

錄婣好也外大夫以事接我通名履緰紀大夫也婚姻人道之始史得備書之春秋於伯姬之逆歸卒葬詳錄始事以見義而餘女則因變而書雖詳略不同要皆所以明重

紀子伯莒子盟于密

非國事何以書莒與我不睦紀我之婚姻以我故與莒盟特筆之爲下盟浮来起本子伯二字疑有脫誤家鉉翁曰于蔑内盟之始也于密外盟之始也内外盟必書志東遷諸侯無所統一自相爲盟也

冬十有二月乙卯夫人子氏薨

隱母也薨而不葬故也春秋于君夫人薨卒無不書葬者哀姜薨于夷猶書葬姒氏卒不稱薨不稱夫人亦書葬書薨書卒而不書葬惟隱母子氏昭夫人孟子隱終于攝子氏之薨不書葬

攝故也昭終于孫孟子之卒不書葬孫故也○一子氏耳左以為仲子公羊以為隱母穀梁以為隱妻宜何從羣言淆亂折諸聖三傳錯疑斷諸經按禮經無葬妻之明文凡春秋所薨葬皆君母仲子之薨不見經孟子卒于哀公之世自嗣君視之亦母也今從公羊

鄭人伐衛

譏始伐也征伐王事諸侯出之無道之效也○前用兵私邑故曰克此用兵鄰封故曰伐

三年春王二月

魯史之法月必書王春秋特書春王正月周正月也尊正朔也大書王三月王二月夏商正月也存三統也自四月以下不書王義無所取也

己巳日有食之

災天變也日官舉其禮史氏書其事孔子備録之以示義

二月庚戌天王崩

天王志崩不志葬崩大變也故書七月而葬有常時同軌畢至有常禮故不書於莊僖頃之不書崩王室不赴也於桓襄匡簡景之并書葬則

或以非時或以失禮猶之以變書也

夏四月辛卯尹氏卒

尹氏王臣也（據昭二十五年尹氏立王子朝）卒書氏赴以氏也不書名（據王子虎劉卷書名）未同盟也義詳八年宿男卒王臣之卒葬不志于始事特卒之有書以見其有不書也

秋武氏子來求賻

武氏王臣武氏子子代父使也不書王使王方在喪也求之為言徵也賻以供葬侯國之常書来求以志變禮

八月庚辰宋公和卒

内君曰薨内大夫曰卒宋公君也而曰卒内外異稱從史文也名死者以别乎生者○凡外諸侯書卒告赴所及也書葬本國往會也春秋備録之示交邦之義

冬十有二月齊侯鄭伯盟于石門

畿外諸侯自爲盟也有道之世天子巡方諸侯述職盟會征伐固方伯所有事矣時至春秋威權下移隱桓之際政散於羣侯莊閔以還政僭於五伯文宣而後政亂於大夫春秋取二百四

十二年諸侯大夫之行事裁以大義治其散者僭者亂者而一歸於王事所謂撥亂世返之正也

癸未葬宋穆公

稱國據我葬彼之辭也舉謚稱公據彼國自稱之辭也從史文例

四年春王二月莒人伐杞取牟婁

諸侯伐國取邑於是始特筆之據下杞侯來朝杞亦當是我屬國書法與莒人入向同

戊申衛州吁弒其君完

臣弑君大變也目其人使惡有所歸

夏公及宋公遇于清

諸侯非王事民事而假遇相見以行其私皆義之所不得魯宋遇清而翬有伐鄭之會宋衛遇垂而三國有瓦屋之盟比觀而遇之罪無所逃矣

宋公陳侯蔡人衛人伐鄭

此外諸侯連兵伐國之始特筆之宋陳稱爵君親往也衛蔡稱人大夫行也衛賊未討宋以大國上公黨惡殃民伐而又伐直書其事而義自

見

秋翬帥師會宋公陳侯蔡人衛人伐鄭

翬書名帥師也舉帥師爲重此會伐之始

九月衛人殺州吁于濮

稱人討賊之辭也亂臣賊子人得殺之

冬十有二月衛人立晉

立君有國常討賊有大法書曰衛人殺州吁而殺賊之義著矣書曰衛人立晉而立君之義著矣○嗣君不言立言立皆譏詞公羊子云立者不宜立也譏自立之詞也左氏云書曰衛人衆

也譏衆立之詞也春秋之世嗣弑君而立者多矣譏不勝譏舉首事以明義

五年春公觀魚于棠

傳曰譏非事也事謂王事民事

夏四月葬衛桓公

書葬魯往會也傳例云凡君弑賊不討不書葬然蔡般弑其君書葬矣春秋無通詞惟所取義有其事之義二百四十二年諸侯大夫之行事是也有其文之義冊府所藏舊典禮經是也有孔子之取義則筆削春秋以俟知我罪我所謂

卷一

其義是也

秋衛師入郕

公羊將尊師衆稱某帥師將尊師少稱將將卑師衆稱師將卑師少稱人君將不言帥師書其重者

九月考仲子之宫初獻六羽

譏考宫也禮庶子爲君爲其母築宫使公子主其祭于子祭于孫止仲子惠公之母隱爲考宫焉非禮矣初獻六羽僭樂也

邾人鄭人伐宋

邾先鄭從告也國無大小皆連兵相伐備録之見王事之失○會盟則先主會征伐則先主兵

螟

志災也王事莫亟於勤民有害於民故書○齊履謙曰春秋所書有災有異害及於民之謂災物反其常之謂異二者魯皆備書諸國惟異則書之蓋災則事止一國異則理關天下故於内外所書如此

冬十有二月辛巳公子彄卒

公子之卒不備録録其卒者公子而爲大夫者

也

宋人伐鄭圍長葛

書伐書圍書取春秋詳錄之譏諸侯之無王

六年春鄭人来輸平

糴憾而平本是善事輸平者以利相結則私也

春秋嚴義利之辨書鄭人来輸平鄭人来歸祊

我入祊鄭伯以辟假許田皆以志諸侯之行私

夏五月辛酉公會齊侯盟于艾

齊主盟而我往會也此伯事之肇端特筆之

秋七月

月以紀事無事書秋七月備時也然隱元年三月有事矣猶復書春王𤴓月知舊史於首月不皆無事事之無關於義者仲尼削之耳盖他月無事書首月通法也二百四十二年所同也他月有事猶書首月變例也元年正月所獨也通法以統同變例以示異然則四時具而歲功成大書首月春秋所以編年也王𤴓立而人紀修特書春王正月春秋所謂𤴓始也

冬宋人取長葛

七年春王三月叔姬歸于紀

叔姬伯姬之娣待年於宗國至是歸春秋因變事特書之録賢也是故書叔姬歸于紀紀叔姬歸于酅紀叔姬卒葬紀叔姬而叔姬之賢見矣書伯姬歸于宋四國来媵宋災伯姬卒葬宋共姬而伯姬之賢見矣

滕侯卒

胡傳滕侯宿男卒不書葬怠於禮弱其君而不葬也怠於禮而不往弱其君而不會無其事而闕其文此魯史之舊聖人無加損焉存其卒闕其葬而義自見愚按春秋因闕文以取義於此

可衆其凡

夏城中丘

傳曰以重書也蓋莫重於用民力矣雖時且義

必書見勞民為重事

齊侯使其弟年來聘

譏私聘也朝聘王事而以私交故於始事譏之

○春秋於諸侯之朝聘備書之以志典禮其有

交私結黨修睦善鄰皆可即事而考功罪之在

於此見聖人之取義

秋公伐邾○冬天王使凡伯來聘戎伐凡伯于楚

丘以歸

此王朝下聘之始亦以變事書也古者天子守在四夷諸侯守在四國天王使凡伯來聘戎伐凡伯于楚丘以歸故以為事之變特書之○伐國曰伐楚丘衛邑而曰伐王臣所在之地視國即君在書伐之義

八年春宋公衛侯遇于垂

為瓦屋之盟起文

三月鄭伯使宛來歸祊庚寅我入祊

祊鄭邑鄭人來輸平故以祊歸我書鄭歸祊書

我入祊明其相結以利

夏六月己亥蔡侯考父卒○辛亥宿男卒

卒而不名未同盟也時羣侯強大相尚以弱小為屬後凡不與同盟者不列於諸侯名不通于告赴宿後為宋遷滕薛杞降侯稱子伯傳以為微國之君未能同盟其說是矣杞伯自蟲牢以還三與同盟卒葬乃得書名滕薛亦云滕子原卒（昭三年）薛伯穀卒（昭三十一年）傳皆曰同盟故也

秋七月庚午宋公齊侯衛侯盟于瓦屋

諸侯之參盟于是始有參盟然後有主盟○盟

非一國之志盟于瓦屋宋列齊上序爵也齊衛胥命而後羣侯列序始以強大相先矣

八月葬蔡宣公○九月辛卯公及莒人盟于浮来

莒稱人君臣同詞微之也特書盟舉王事為重

螟○冬十有二月無駭卒

無駭卒不氏未賜氏也春秋之法公之子為大夫稱公子公子益師公子彄之類是也公子之子為大夫稱公孫公孫兹公孫敖之類是也大夫賜氏稱氏公子季友臧孫辰之類是也大夫未賜氏稱名無駭挾之類是也

九年春天王使南季来聘

同時貳事書春書三月不書正月明隱之無正也隱無正桓無王天誅所當加而聘屢及焉隱桓之世王聘凡五見皆以以譏變禮於僖之聘以公子遂如京師書於宣之聘以郰孟獻子書春秋以屬比爲教文事具而義各自見

三月癸酉大雨震電庚辰大雨雪

程子曰陰陽運動有常而無忒凡失其度皆人爲感之故春秋災異必書

挟卒

凡名卒者皆大夫故無駭與挾不氏亦書卒翬於桓世稱公子貴視大夫矣而不書其卒與桓編之大夫壹貶焉明不以翬府獄也隱之弑桓實主之

夏城郎○秋七月○冬公會齊侯于防

十年春王二月公會齊侯鄭伯于中丘

會于防謀伐宋也于中丘為師期也備錄之著諸侯連兵之惡

夏翬帥師會齊人鄭人伐宋六月壬戌公敗宋師于菅辛未取郜辛巳取防

伐宋稱暈敗宋稱公本兩事春秋兩書之徵信
也郜國名僖二十年郜子来朝防邑名莊二十九年城諸及防邑曰
取國曰滅內諱滅國故史于郜防皆書取

秋宋人衛人入鄭

鄭結齊魯以伐宋宋結衛以入鄭連兵報復由
於王政不綱諸侯放肆

宋人蔡人衛人伐戴鄭伯伐取之

三國稱人皆大夫也國曰伐師曰取大夫與師
其體敵統稱伐取兼取戴與三國之人

冬十月壬午齊人鄭人入郕

汪克寛曰入春秋之始兵爭俶擾未有若是年之尤者夏三國伐宋秋宋衛入鄭又偕蔡伐戴鄭莊又圍戴取三國之師且偕齊入郕戰國之殺人盈城兆於此矣春秋之所以作乎

十有一年春滕侯薛侯来朝

此書来朝之始滕薛稱侯舉本爵也國後以日微爲人後宋仲幾曰滕薛郳吾役也降稱子伯不列于同盟来朝不特言者微之也特筆之譏朝禮之變

夏公會鄭伯于時来

月不書正不朝正也出不書至不告至也不朝

正無主不告至無祖亂之階也春秋所由托始于隱

秋七月壬午公及齊侯鄭伯入許

據後文許𠰥入許則今兹之入君已亡國已滅矣不書滅者入而不有其土傳云齊侯以許讓公公不受乃與鄭人

冬十有一月壬辰公薨

公薨不地故也不書葬不成喪也不書弒為國諱惡

春秋取義測卷之二

膠州法坤宏

桓公

元年春王正月公即位

繼世即位國君正始大禮於法應書隱桓二公一書一不書者各於其遇而行事不同故史氏立文亦異孔子因之隱以攝立無正也不書即位以見其無正桓以簒立無王也大書即位以見其無王書正書王乃春秋取義大法託始二公以見之夫是之謂特筆

卷二

三月公會鄭伯于垂

定公位也

鄭伯以璧假許田

因會而請田也其曰假史氏書請田之文春秋特筆之綜前歸祊事以見義

夏四月丁未公及鄭伯盟于越

比書會垂假田盟越著諸侯無王之惡

秋大水

不書月概一秋而言傷人害稼故書大

冬十月

二年春王正月

隱無正而元年書春王正月者存王正也桓無王而元年二年書春王正月者正王法也春秋嚴亂賊之誅一施之於内外元年書王以王法正桓主我魯言之二年書王以王法無正稽概天下言之

戊申宋督弒其君與夷及其大夫孔父

孔父不書殺而書及（據成十八年晉殺其大夫胥童）及累及也傳曰弒君稱君君無道也稱及大夫大夫亦與有責焉春秋書死君者三人（孔父仇牧荀息）並以累及

之詞言之蓋三人者賢大夫也賢而當國其權宜足以濟變其匹宜可以閑君至君弒身殺必其於道有不克自盡者春秋之法責賢者備特書及備責之之辭也

滕子来朝

譏朝桓也篡弑之賊諸侯不能討相與朝之無王甚矣春秋於桓世来朝者九國滕杞紀穀鄧曹邾牟葛屢書而壹貶○五等之爵有定名有虛號天子三公稱公王者之後稱公定名也魯侯爵而稱公諸侯之葬稱公虛號也其稱子伯也亦云毛

伯名伯稱伯單子劉子稱子皆王官也宋公衛侯在喪稱子叔武無官以攝位故稱子邾郳附庸與于伯會進稱子四夷雖大皆曰子滕薛杞微國侯伯子不一其稱乃一時強大為之外降此春秋前事魯史舊文孔子仍而弗改者取義有旨所謂貴賤不嫌同號美惡不嫌同辭也

三月公會齊侯陳侯鄭伯于稷以成宋亂

成者平也宋有弒君之亂公為求會諸侯以平之故成宋亂之事詳書於魯史澶淵之會亦然宋災我伯姬卒焉故為求會以卹之此乃魯事

與外諸侯有事而我往會者異矣書成宋亂書宋災故皆據魯史文直書之

夏四月取郜大鼎于宋戊申納于大廟

取郜鼎于宋賂也納于太廟非禮也直書之不爲婉詞焉傳例云内以諱爲惡桓之惡德可諱乎春秋於桓編壹不書王外餘皆從直筆

秋七月杞侯來朝○蔡侯鄭伯會于鄧

始懼楚也其地以國鄧亦與焉楚後卒敗蔡虜其君鄭屢受伐鄧侯吾離亦失其國土聖人以此爲楚禍中國之肇端特筆之

九月入杞○公及戎盟于唐○冬公至自唐

按傳告于廟也凡公行告于宗廟反行飲至舍爵策勳焉禮也然則常事爾何以書古者役不踰時非王事則不出非民事則不出今羣公去國久役而非時非事常也幾於變矣聖人因舊策存而弗削乃以示譏

三年春正月

三年正月不書王桓無王也桓篡兄盜國甍踰年而錫命始至是當桓身固未嘗朝王受命也隱以攝立不朝正春秋於隱世不書正桓以弑

立不朝王春秋於桓世不書王故曰隱無正桓無王○隱之無正也非隱無正也自盟蔑以還大政不出於王國春秋之諸侯皆無正也託始於隱焉耳桓之無王也非桓無王也自胥命而後王命不行於天下春秋之諸侯皆無王也託始於桓焉耳然則隱元年之特書正月以正隱也攝不即位不得正其始薨不書地不得正其終無正之大者已桓元年二年之大書春王以正桓也既弑君而自立又納賂以立人之弑其君者無王之甚者已

公會齊侯于嬴

成婚於齊也書會而不繫之事於下公子翬如齊逆女見之譏公不由媒介而自成婚○王克掞曰桓之禍文姜爲之始不衷於禮而終罹其變春秋謹錄文姜所以正夫婦之倫而謹人道之始

夏齊侯衛侯胥命于蒲

胥命相命也凡王命稱命據經文三錫命諸侯胥命僭也春秋之初王靈猶在會盟征伐皆假王命行事假之不已遂至胥命胥命而伯則伯矣春秋之五

伯胥命而王則王矣戰國六王之胥命而帝則帝矣東西兩帝之胥命于蒲而齊僖遂為東諸侯長序宋公之上然則胥命之書特筆也

六月公會杞侯于郕○秋七月壬辰朔日有食之既

日有食之天變也食而既則變之尤者天事恒象變不虛生人事感於下天變應於上春秋書日食既者三是年宣八年秋七月甲子襄二十四年秋七月甲子不言事應而事應具存示有國者察於其故知天人相與之際甚可畏也

卷二

公子翬如齊逆女

此內娶之始事逆女必御公子之重視大夫翬

稱公子重逆事也義詳閔二年公薨

九月齊侯送姜氏于讙公會齊侯于讙

我公親迎姜氏于讙也

夫人姜氏至自齊

不言翬以之至公親受之于齊侯也

冬齊侯使其弟年来聘

致夫人也公親迎于讙而曰會齊侯兼舉會禮

也年致女于我而曰来聘兼修聘事也各下并

重者言之于逆致無譏焉自成婚以至致女凡六見王克掞云一以重其事一以深其文婚姻人道之大於始事備書之重其事也桓之薨變作于夫人于文姜詳書之深其文也

有年

志災也元年秋書大水必連歲無年至是而始有年故因無年而終言之於宣大有年亦然宣自六年以後書螽三饑二大旱大水蝝生雨不克葬各一十年之間災變叠見春秋兩書有年皆在桓宣之世其旨微矣

四年春正月公狩于郎

傳曰禮也田狩常禮不書此以首事書也禚之狩以與齊人書西狩以獲麟書焚咸丘非狩之常書之之義皆以譏變禮

夏天王使宰渠伯糾来聘

不書秋冬簡有脫也

五年春正月甲戌己丑陳侯鮑卒

甲戌己丑中間必有脫簡趙匡曰傳云公疾而亂作此文亦據陳國史而記之驗此則經文甲戌下當記陳佗作亂之事全簡脫之耳

夏齊侯鄭伯如紀

外相如不書此以變書也傳云欲以襲之紀人知之紀我姻故来告我書爲後紀侯去國起文

天王使仍叔之子来聘

杜預曰仍叔天子之大夫稱仍叔之子本於父字幼弱之辭

葬陳桓公○城祝丘○秋蔡人衛人陳人從王伐鄭

譏天王失政也天子討而不伐書伐鄭伐鄭不

服也伐鄭不服而後王命不行於天下春秋所
以有作
大雩
大雩旱祭常禮何以書謹災變重典禮也雩而
雨則書大雩以志禮雩而不雨則書不雨以志
災
螽○冬州公如曹
州公周之三公書如曹以來我故來我必有事
繼王伐鄭而州公來不言其事而其事可知矣
時伯事未興王靈猶未盡泯州公如曹來魯盖

合諸國以謀王室而卒無應者春秋書之傷周道益衰諸侯之無王也

六年春正月寔来

寔猶是也謂州公自曹来于是也記曰天子曰非佗伯父寔来成二年傳王曰鞏伯寔来書来不書事無事也義見隱元年祭伯来

夏四月公會紀侯于郕

左傳紀来諮謀齊難也

秋八月壬午大閲

大閲簡車馬也國事莫大于戎祀故大閲大蒐

大雩大事于太廟史例以大書春秋於桓一書

閟舉始事也昭定五書蒐明國事不出于公也

於蒐閟無譏焉大蒐義見文二年

蔡人殺陳佗

按傳陳厲公蔡出也故蔡人殺佗而立之然則殺陳佗蔡人之私也而殺賊實天下之公佗弒君事不見經春秋文具而義見初不必盡備其事之本末矣凡弒君而見殺者十有二以討賊書者四人州吁無知討國賊法也陳佗夏徵舒討鄰賊法也

九月丁卯子同生

文姜生子也冢嫡始生國之大事故書魯十二公多出於媵妾同繫文姜所生又舉以太子之禮故得録之

冬紀侯来朝

求請婚于王也書為後祭公逆王后䢒文

七年春二月己亥焚咸丘

火田也淫獵非禮於其甚者壹譏之義詳狩郎

夏穀伯綏来朝鄧侯吾離来朝

兩書来朝同時二事也○春秋不生名諸侯亦

以別外大夫之書名者耳若夷屬之國（郳黎来介葛盧之類）失國之君有書名者（穀伯綏鄧侯吾離之類）史臣之職主於紀名故名無不録孔子修春秋則有名有不名乃以省重複避淆混雖筆削所在未可概執例以求

八年春正月己卯烝

烝嘗郊禘歲祀也書不勝書或以失禮（一歲再烝）或以非時（辛丑用郊）或以災異（御廩災乙亥嘗郊牛食角有事太廟仲遂卒之類）因變而書皆所以志典禮

天王使家父来聘○夏五月丁丑烝○秋伐邾

譏伐邾也不書伐之者之人義繫於伐不繫乎人也

冬十月雨雪

建酉之月未霜而雪書異也春秋凡三書雨雪兩言大言大者以大為異此不言大者以失時為異

祭公来遂逆王后于紀

祭公因逆后過我故書来蓋祭公来命我主婚遂往逆后本以二事出故書遂以繼之

九年春紀季姜歸于京師

逆從王命稱王后歸從母家稱季姜魯為天子主婚故逆與歸備書之

夏四月○秋七月○冬曹伯使其世子射姑来朝

禮世子代父朝會位子男後曹魯屬國故使世子来朝射姑稱名比之于外大夫

十年春王正月

桓無王而元年二年十年十八年間書王者所謂書法也書王史例也不書王修春秋義例也有書以見其有不書故曰春秋之法以書不書見義

庚申曹伯終生卒

左傳射姑之朝也聞樂而歎魯人曰曹世子其有憂乎正月庚申曹伯終生卒距射姑来朝僅踰時月耳若是乎曹伯之使世子之来皆不無可譏矣春秋紀人事之變無所不有比觀之而莫不有其義故爲人君父臣子者不可不知春秋也

夏五月葬曹桓公○秋公會衛侯于桃丘弗遇

公與衛侯約會在桃丘及往而彼弗與我遇政從齊鄭也弗遷辭史主紀内事故穀梁謂弗内

辭

冬十有二月丙午齊侯衛侯鄭伯来戰于郎

列序三國而首齊齊僖長諸侯也盖衛鄭命之稱来戰伐不服而戰也書戰不書伐不以伐之義予三國魯桓弒君之賊義所當伐齊鄭乃首為會盟以定其位衛亦與約會而後負之春秋於桓世凡諸侯之加兵於我者皆書戰而不書伐此年来戰十三年及齊宋衛燕戰十七年及齊師戰不以伐之義予諸國也

十有一年春正月齊人衛人鄭人盟于惡曹

戰與我接故史詳其事而書爵盟非我與故史略其文而書人文有詳略而是非各以事見春秋不以名爵寓褒譏

夏五月癸未鄭伯寤生卒○秋七月葬鄭莊公○九月宋人執鄭祭仲突歸于鄭

書執仲于前而書突歸于後執仲所以歸突也罪宋人也亦即以罪仲也突不繫鄭蒙上鄭祭仲明執與歸是一事不言入乃仲逆之

鄭忽出奔衛

忽已立矣不書爵未成君也書名失國也於後

復歸書世子原其本稱以别於突也○春秋凡書奔皆罪也國君之奔始於鄭忽大夫之奔始於元咺其罪之輕重各於上下比事求之

柔會宋公陳侯蔡叔盟于折

柔不氏而通名人以事録重盟事也内大夫帥師自無駭始内大夫與諸侯盟自柔始

公會宋公于夫鍾○冬十有二月公會宋公于闞

十有二年春正月

自隱二年至此無空書春王正月之文十二年春無事特書正月然亦不書王知非脱誤

夏六月壬寅公會杞侯莒子盟于曲池

平杞莒也

秋七月丁亥公會宋公燕人盟于穀丘○八月壬辰陳侯躍卒○公會宋公于虛○冬十有一月公會宋公于龜○丙戌公會鄭伯盟于武父

王迹既熄諸侯自擅無所禀命觀隐十年見兵革之亂也桓十一年十二年見盟會之亂也霸事興而諸侯有所統一無復此亂矣是以春秋不得已而與桓文

丙戌衛侯晉卒

日同而地異故兩書日即書者紀事之職追書者承赴之體重書丙戌史例爾存而弗削以爲義不繫乎此也

十有二月及鄭師伐宋丁未戰于宋

先書公會鄭伯盟于武父次書及鄭師伐宋先書公伐齊納糾次書及齊師戰于乾時皆一役而再有事内戰不言敗言戰即敗矣此史文通例

十有三年春二月公會紀侯鄭伯己巳及齊侯宋公衛侯燕人戰齊師宋師衛師燕師敗績

稱人稱師互舉之辭而義亦有偏重自戰者而言義責主帥故戰多稱人自敗者而言義責殘民故敗多稱師書戰不書地乃四國伐我而公援紀鄭與之戰戰于城下也○自是而後齊遂爲東諸侯長序宋公上終春秋之世

三月葬衛宣公

凡諸侯在喪而有境外之事稱子禮也宣公未葬而戰稱衛侯從我史文非彼告文

夏大水○秋七月○冬十月

十有四年春正月公會鄭伯于曹○無冰○夏五

夏五文脫非闕也闕文本史法孔子修春秋每因之以取義公羊子云隱桓之世多闕文如隱不正始于隱闕其正桓不朝王于桓闕其王又如公薨不地不書葬凡此皆仍史文之本闕而闕法非自我而義有所昉至若天時不無錯漏兩年無秋冬夏五無月字人事不無舛迕紀子伯莒子盟于密甲戌己丑陳侯鮑卒則簡編脫誤孔子第存而弗論所謂信以傳信疑以傳疑也

鄭伯使其弟語來盟

來盟前定也春秋主我使自外至故曰來稱其

弟明非大夫

秋八月壬申御廩災乙亥嘗

將嘗而御廩災嘗之變也春秋因災變錄典禮於嘗無譏焉壬申御廩災乙亥嘗志不害也

冬十有二月丁巳齊侯祿父卒○宋人以齊人蔡人衛人陳人伐鄭

凡師能左右之曰以以者不以者也謂本非所得制今得以之陳傅良曰東遷之後諸侯雖會伐非一國之志也非一國之志則會者序爵而已矣雖主兵也而小國序大國之上亦非一國

之志也以一國而用諸侯之師於是始

十有五年春二月天王使家父來求車

車服天子所以錫羣侯非職貢之常書求非所求也

三月乙未天王崩○夏四月己巳葬齊僖公○五月鄭伯突出奔蔡

人臣有罪去國例書奔以著其惡鄭伯君也見逐於其臣曷亦書奔曰國君爲天子守土守而失焉其罪大矣聖人之教在乎端本清源故凡書諸侯之奔皆不書所逐之臣而以自奔爲文

所以警乎人君

鄭世子忽復歸于鄭

忽復歸書鄭世子突奔蔡入櫟皆書鄭伯自突入櫟以後忽之名不見於經而凡遇垂會鄄盟幽所謂鄭伯皆突矣名者所以紀實非褒貶之所存然則惡所取義乎曰書出書歸書入而兄弟爭國之罪著矣書鄭伯突書世子忽而庶孽奪嫡之罪亦著矣所謂直書其事而義自見者忽歸遇弒不書其爲君也微矣文事不見於魯史春秋無得而書也

許叔入于許

因鄭亂而入國也史例凡入人之國曰入其自入其國曰入于某許犇入于許與自入其國者同文明許乃犇所固有也然因亂竊奪義之所不得春秋特書入等諸齊小白入于齊之例乃所以示譏

公會齊侯于艾○邾人牟人葛人来朝

三國之君也邾故為魯附庸今同牟葛諸君来朝庶方小侯爵不列于五等故稱人比之於外大夫三國同朝書法如滕薛来朝之例

秋九月鄭伯突入于櫟

譏爭國也其復歸于鄭不書（據衛侯衎歸于衛書）復國非所宜有無復道焉書入櫟而已矣

冬十有一月公會宋公衛侯陳侯于袲伐鄭

書會書伐既會而後伐也伐鄭謀納突也不書納不疑于納也國非突所宜有本無納道兩書伐而已矣

十有六年春正月公會宋公蔡侯衛侯于曹○夏四月公會宋公衛侯陳侯蔡侯伐鄭

再書會伐著諸侯伐正輔不正之罪○會于曹

蔡先衛伐鄭衛先蔡時政出諸侯位次等儀視
主者意向為升降滕薛侯爵而降稱子伯郕郳
附庸而進列朝會春秋備志之
秋七月公至自伐鄭○冬城向
汪克寬曰凡書城未有繫月者蓋城築之事非
可月成
十有一月衛侯朔出奔齊
記曰諸侯不生名至於失地則名之蓋國必有
君一君出復一君立或內或外不名何以別之
朔出奔書名內有君也

十有七年春正月丙辰公會齊侯紀侯盟于黄

平齊紀且謀衛故也

二月丙午公會邾儀父盟于趡○夏五月丙午及

齊師戰于奚

傳云疆事也特筆之志盟齊紀之好不終○前

書會齊盟于黄後書及齊戰于奚前書會邾盟

于趡後書及宋衛伐邾義皆以比而見

六月丁丑蔡侯封人卒○秋八月蔡季自陳歸于

蔡

蔡季蔡侯之弟公子無去國之道特書歸以善

之不言其出何昔書出奔比書出奔出非有罪也出非有罪而歸又合宜所以為善與季子来歸書法同例

癸巳葬蔡桓侯

葬不稱公趙汸以為文誤

及宋人衛人伐邾○冬十月朔日有食之

十有八年春王正月

黄道周曰元年之書王謹始也十年之書王舉中也十八年之書王正終也

公會齊侯于濼公與夫人姜氏遂如齊

自會如齊也遂者繼事之辭特書公與夫人姜氏遂如齊禍發于夫人也○如齊文姜志也不書及而書與（據僖十一年公及夫人姜氏會齊侯于陽穀）見夫人專行桓公從之

夏四月丙子公薨于齊丁酉公之喪至自齊○秋七月○冬十有二月己丑葬我君桓公

春秋之法君弒賊未討不書葬此何以書葬以不討討之君子以桓之薨亦其自取焉耳于薨書地賊未討書葬聖人之情可見胡傳十八年書王而桓公書葬惟可與權者其知之矣

春秋取義測卷之三

膠州法坤宏

莊公

元年春王正月

一時無事書首月三月有事矣仍書春王正月者（據定元年春不書正月）正莊公之不即位也莊公之不即位念母也念母非正也書正月不書即位所以正之也於隱之不即位亦然隱之不即位以讓桓也隱猶親愛亂序立之大常莊念母恩忘討賊之公義莊疑於無父隱疑於無君故春王

正月之書兩公同其文

三月夫人孫于齊

桓編無夫人姜氏至自齊之文此大書曰夫人孫于齊者不予其至也絶之也○公前與夫人偕出而不偕入則夫人猶在齊也莊於援練時録母之變史臣稱情立文書曰三月夫人孫于齊等之書春王正月公在楚公在乾侯之例然不曰夫人在齊而曰夫人孫于齊此之謂史法聖人所以有取

夏單伯逆王姬

按傳單伯送王姬經書逆主我而言魯主王姬故單伯逆王姬于周而送之齊○單伯周臣也凡魯大臣之見於經者咸書其卒單伯前後凡數見而不書卒又與周召伯毛伯之稱略同知為周臣

秋築王姬之館于外

仇讎非所以接婚姻衰麻非所以接弁冕築館于外禮之變也

冬十月乙亥陳侯林卒○王使榮叔來錫桓公命

追命也桓弑立不得錫命莊主王姬假王寵以

請春秋特筆之以著天子之失政

王姬歸于齊

魯主王姬之嫁舊矣春秋獨於莊公詳書者以始事書實以變事書春秋之書外女未有詳於此者也書逆王姬書築王姬之館書歸于齊書卒以病莊公之親仇讎

齊師遷紀郱鄑郚

紀於魯為婚姻又主魯以圖存故紀事之本末錄於國史獨詳郱鄑郚紀邑也外遷邑不書特書之為下紀季以酅入齊起文

二年春王二月葬陳莊公○夏公子慶父帥師伐於餘丘

於餘丘内邑也故書之如伐國之例或曰於發語辭如於越之於附庸國也

秋七月齊王姬卒

范甯曰主其嫁則有兄弟之恩死則服之故書卒

冬十有二月夫人姜氏會齊侯于禚

夫人之至不書書會齊侯于禚傳所謂志而晦也頻書姜氏會享如師如齊如莒譏婦人干預

外事莊國君不能防閑其母爲世大誡

乙酉宋公馮卒

三年春王正月溺會齊師伐衛

納朔也言會伐不言帥師（翬會伐言帥師）以會伐爲義蒙上夫人會齊侯知溺之會文姜爲之（書爲下齊人歸衛傳逸文）

夏四月葬宋莊公○五月葬桓王

改葬也改葬非常也王志崩不志葬以天下而葬一人有常禮有常時春秋之諸侯有不會王葬者矣（叔孫得臣葬襄王叔鞅葬景王）王有不以時葬者矣（桓以

七年匡以三月簡以五月志其葬以見有不葬焉

秋紀季以酅入于齊

亦齊遷之也酅紀季食邑齊師遷紀郱鄑郚季不能守以酅入于齊不言遷者史内詞明酅猶為季有也特筆之為後紀尗姬歸于酅起本

冬公次于滑

謀紀故也

四年春王二月夫人姜氏享齊侯于祝丘○三月

紀伯姬卒

入春秋首書紀履緰逆女迨紀之終事錄之特

詳於紀伯姬也則来逆書歸紀書媵姬歸書伯姬卒書齊侯葬伯姬書媵姬歸酅書叔姬卒書葬叔姬書於紀也則齊鄭如紀書會郕書盟黄書齊遷紀邑書次滑書紀季入齊書紀侯大去書凡以謹男女之始篤婣睦之誼重首事嚴典禮立教義也○范甯曰隱二年履繻所逆者禮諸侯絶旁期姑姊妹女子子嫁于國君者尊與已同則為之服大功九月變不服之例然則適大夫者不書卒

夏齊侯陳侯鄭伯遇于垂

鄭伯突也忽歸鄭稱世子突入櫟稱鄭伯故有以知鄭伯即突也

紀侯大去其國

書還書入紀土地人民盡爲齊有至是委宗廟社稷而去之故曰大去不言出奔者從史婉詞不以失國之惡累紀侯

六月乙丑齊侯葬紀伯姬

書齊侯葬紀伯姬紀滅矣不言齊滅紀亦史婉詞紀主我以圖存而卒爲齊滅聖人備錄於經著齊人强暴弱小之無以自存也

秋七月○冬公及齊人狩于禚

公狩常禮不皆書禚夫人姜氏會齊侯地特書之譏莊公不能防閑其母且復遂焉

五年春王正月○夏夫人姜氏如齊師○秋郳黎来来朝○冬公會齊人宋人陳人蔡人伐衛

納朔也公會四國伐衛王人救衛朔入衛比事以觀諸侯之無王甚矣

六年春王正月王人子突救衛

下書朔入于衛未能救衛也特書王人子突救衛以變事書也王師大敗而後書伐救衛無功

而後書救皆以變事書也

夏六月衛侯朔入于衛

朔入衛不書復歸據鄭世子忽書復歸不予其歸也絕之

以王命○王親伐鄭而不能服王臣救衛而不

能克無道極矣春秋能勿予伯乎

秋公至自伐衛○螟○冬齊人来歸衛俘

伐國不必皆歸俘書溺會齊師于前書齊歸衛

俘于後知此歸特為溺會伐而来故傳云文姜

請之

七年春夫人姜氏會齊侯于防○夏四月辛卯夜

恒星不見夜中星隕如雨

胡傳恒星列星也如雨言衆也人事感於下則天變動於上前此者五國連衡旅拒王命後此者桓文更伯政歸盟主而王室遂虛

秋大水無麥苗

書大水無麥苗以示憂民之教

冬夫人姜氏會齊侯于穀

八年春王正月師次于郎以俟陳人蔡人甲午治兵夏師及齊師圍郕郕降于齊師秋師還

不稱師師之人以師爲義也春師次郎夏師圍

郕秋師還輕用大衆歷三時無成功故詳書於

冊稱師還者承始事而終言之以見其久

冬十有一月癸未齊無知弑其君諸兒

陳傅良曰弑君者連稱管至父則其專罪無知

何君弑而無知受之則賊不在二子矣春秋誅

利心是故連稱管至父實弑齊襄無知與聞故

者也而無知受之則無知為逆首公子棄疾實

弑楚靈比與聞故者也而比受之則比為逆首

九年春齊人殺無知

殺無知者雍廩而曰齊人討賊之辭也

公及齊大夫盟于蔇

盟納子糾也糾齊之亡公子文姜主納之書公及齊大夫盟齊無君也無君而書公及以盟事為重也

夏公伐齊納糾齊小白入于齊

兄弟爭國也糾不繫國蒙上伐齊省文小白自他國入故繫之齊書納不宜納也書入不宜入也魯忘親而輔讎齊背盟以黨亂皆義之所不得

秋七月丁酉葬齊襄公

書葬明有君也小白先入而得立是爲桓公

八月庚申及齊師戰于乾時我師敗績

納糾不克而與之戰也及不書公不以公主此戰公伐齊爲納糾也春秋之義大復讎齊我之仇讎能與讎戰雖敗亦榮故不以我師戰敗爲諱而以伐齊納糾爲譏公羊子以爲復讎者在下合于春秋之旨

九月齊人取子糾殺之

特書納糾殺糾譏此舉之無名義

冬浚洙

十年春王正月公敗齊師于長勺

凡内勝曰敗某師

二月公侵宋○三月宋人遷宿

穀梁遷亡辭也其不地宿不復見也遷者猶未失其國家以往者也

夏六月齊師宋師次于郎

書次義繫於次也齊桓求諸侯而欲得魯魯未服次于郎以求成焉此為齊桓圖伯之始事

公敗宋師于乘丘○秋九月荆敗蔡師于莘以蔡侯獻舞歸

志楚禍之始也春秋之法内其國而外諸夏内
中國而外四夷荆敗蔡師于莘以蔡侯獻舞歸
中國之大變也特筆之
冬十月齊師滅譚譚子奔莒
志滅國之始也齊桓稱伯首滅天子之建國無
王甚矣直書而罪自見
十有一年春王正月〇夏五月戊寅公敗宋師于
鄑〇秋宋大水
凡外災弔則書比歲交兵怨不廢禮春秋録之
著鄰鄰急病之義

冬王姬歸于齊

我為之主也不書逆與齊襄異者詳于始事其餘從略

十有二年春王三月紀𣏌姬歸于酅

紀侯大去卒不書書𣏌姬歸婦人之義以歸夫家為正也酅紀之分邑先君之廟在焉書歸于酅予其歸也春秋錄內女紀伯姬以始事詳而紀叔姬宋伯姬又加詳焉蓋以其處變而能得禮特筆之以示教

夏四月○秋八月甲午宋萬弑其君捷及其大夫

仇牧○冬十月宋萬出奔陳
譏佚賊也書所奔之國則受之者之罪亦見不
書宋人殺萬者義在責宋萬之奔
十有三年春齊侯宋人陳人蔡人邾人會于北杏
志桓圖伯也齊桓首會諸侯各使大夫聽命弗
親往
夏六月齊人滅遂
齊桓會諸侯于北杏魯不至故滅遂以脅我遂
我屬邑邑而言滅書法如晉滅下陽之例
秋七月○冬公會齊侯盟于柯

卷三　十　汙邁齋藏書

桓滅遂以脅我故為此會

十有四年春齊人陳人曹人伐宋

宋人背北杏之會故伐宋三國稱人大夫會伐也五伯摟諸侯以伐諸侯此其始事直書而罪自見

夏單伯會伐宋

單伯何以不稱帥師據翬稱帥師王官也卿命以總齊侯王師不出也會伐何以不言三國據翬言會宋陳蔡衛伐鄭以會伐為辭不以會諸侯為辭也重伐事也

秋七月荆入蔡
志楚禍也敗其師執其君復入其國焉
冬單伯會齊侯宋公衛侯鄭伯于鄄
會于鄄宋服也齊桓假王命伐宋單伯臨焉故
主為此會其曰單伯會齊侯宋公衛侯云云者
史臣尊内同王臣於内君書法如公會諸侯之
例○伯事未興以前周之典禮猶未盡廢王事
之見於春秋者王伐有書王救有書茲單伯之
會伐會鄄伯主請於王以合諸侯魯史所承猶
王朝之文告也盟幽而後王終伯始會盟征伐

之權盡歸外藩于洮于翟之盟葵丘之會尹單之伐鄭劉文之侵楚王官與列侯同序王朝文告不復行于天下

十有五年春齊侯宋公陳侯衛侯鄭伯會于鄄

齊桓主會也列序諸侯而首齊志始伯也

夏夫人姜氏如齊

㒳鄄之會魯不至齊桓欲成伯而亟親魯故夫人姜氏如齊棄夙怨繼新好春秋筆之為下盟幽起文

秋宋人齊人邾人伐郳

諸侯為宋伐郳也宋主伐事故先宋郳宋之附庸是後與伯會進為小邾子

鄭人侵宋

鄭人閒之而侵宋書于經者志諸侯兵爭之禍予伯非聖人之得已

冬十月

十有六年春王正月○夏宋人齊人衛人伐鄭○秋荆伐鄭

楚禍及于鄭也鄭諸夏要領南北樞紐終春秋之世為伯主輕重焉

冬十有二月會齊侯宋公陳侯衛侯鄭伯許男滑伯滕子同盟于幽

志桓伯也同盟同推桓主是盟也會不書公為內諱也桓非受命之伯諸侯同心私相推戴故以為大惡而諱之自同盟于幽中國諸侯無敢自為盟會者禮樂征伐之權專歸外藩王事于此而終伯事于此而始春秋一大變局也滑滕伯子序許男下爵次不以周班政自諸侯出也

〇書同盟始此

邾子克卒

北杏之後郳人與伯會列于諸侯故稱子赴于
同盟故卒書名例詳隱八年宿男卒
十有七年春齊人執鄭詹
鄭不服也比書齊人執鄭詹齊人執陳轅濤塗
見伯者以力服人之效
夏齊人殲于遂
齊之戍者也遂我屬齊滅而戍之故齊人之殲
見于魯史孔子特筆之以爲强不義之大戒
秋鄭詹自齊逃來
書逃來爲下齊人伐我西鄙張本

冬多麋

麋常有物多則爲異多麋有蜮齊大災春秋于莊編備書之其文美之祥乎

十有八年春王二月日有食之

穀梁夜食之說李光地非之張璦三傳折諸謂春秋日食三十六有甲乙者三十四歷家推驗精者不過得二十六唐一行得二十七周王朴得二十五莊十八年二月日食古今算不入法有淮南衛朴者精歷術春秋日食獨得三十五惟此算不入與諸家同愚謂天道遠矣神而莫

測聖王克謹天以術數矜也

夏公追戎于濟西

譏追戎也易曰重門擊柝以待暴客戎去而後

追之知疆場之無備

秋有蜮○冬十月

十有九年春王正月○夏四月○秋公子結媵陳

人之婦于鄄遂及齊侯宋公盟

媵微事媵陳人之婦又微乎微者此以遂事書

爾公之事齊也後既又受鄭詹齊宋陳謀伐魯

公子結以媵事至陳詗知之假公命以與齊宋

卷三

盟魯史書於册而聖人取之明人臣出境有遂事之義〇内臣通名于經者以貴以氏公子益師臧孫辰諸人是也以賢公弟叔肹是也以事無駭翬柔溺書無駭以帥師書翬柔以會伐會盟書溺以會齊師公子結之類是也結奉使有職非君命輒盟公侯特筆之志禮之變

夫人姜氏如莒

春秋于夫人之孫不書其至而書會書如不復為隱者傳所謂絶不為親禮也以禮絶之也文姜多行無禮備書于册至再如莒甚矣

冬齊人宋人陳人伐我西鄙

因鄄盟而取成焉書伐我西鄙不以難邇我國

從史婉詞

二十年春王二月夫人姜氏如莒○夏齊大災

外災不書公羊子以爲㓝也其書及我也齊與

我比鄰災以大告特志之

秋七月○冬齊人伐戎

伯事也戎病中國桓志欲南征乃先北伐所謂

不務德而勤遠略

二十有一年春王正月○夏五月辛酉鄭伯突卒

忽未成君而出奔復歸于鄭稱世子後不復見

而哭自入櫟以来會盟侵伐以及卒葬不絕書

于册忽正而不克自立哭不正而能君列于諸

侯據事直書是非自見法戒自昭聖人何容心

焉

秋七月戊戌夫人姜氏薨

范甯曰婦人無外事居有常所故薨不言地

冬十有二月葬鄭厲公

二十有二年春王正月肆大眚

眚罪也大眚皆肆小人之倖免者多矣莊以母

喪推恩春秋特志之

癸丑葬我小君文姜

桓公之薨姜氏與聞乎故莊以子不可絕母薨之葬之春秋詳録史文豈予之也王克拨二子無絕母不槩弒逆大故文姜與弒絕之于宗廟也春秋書薨葬正以譏非禮非取無絕母之義

陳人殺其公子禦寇

殺書公子義繫乎殺公子也人衆詞見國亂無政衆擅殺而不出於君也

夏五月

書夏五月而不繫以事史有脫誤

秋七月丙申及齊高傒盟于防

謀婚于齊也大夫書名高傒伉也及不書公抑

其伉也春秋之義為尊者諱

冬公如齊納幣

内適外曰如乃朝聘通稱亦有書其事者書事

非事也三書納幣觀社逆女皆所以示譏

二十有三年春公至自齊○祭叔來聘

祭猶祭公之弟子弟隸其父兄出供國事非禮

意所惡聘不稱王使非王使也譏私聘也

夏公如齊觀社

非禮也曹劌諫曰不可夫禮所以整民也故會以訓上下之則制財用之節朝以正班爵之義帥長幼之序征伐以討其不然諸侯有王王有巡狩以大習之非是君不舉矣君舉必書書而不法後嗣何觀按傳所謂法即禮也春秋之義朝聘會盟備書于冊所以明法也內君臣書如君自行則朝也如齊如晉之類使臣則聘也如陳如牟之類而皆不言其事乃若非朝非聘則各以其事書之遂與夫人姜氏如齊納幣觀社葬原仲之類所以明戒也曰春秋諸

侯大夫之朝聘會盟豈法乎曰此亦言文武之法爾若列侯無王而自相朝聘大夫無君而擅相會盟又所謂據事直書而義各自見者

公至自齊○荆人来聘

荆敗蔡伐鄭游陵上國其聘我也非能慕義而来亦播其威德以示武於諸侯聖人以其事同猾夏特筆之稱人不稱使君臣同辭史臣略外文例

公及齊侯遇于穀蕭叔朝公

蕭衎朝齊侯于穀因而朝我不言来于外也朝

禮受之于廟于外非禮也

秋丹桓宮楹

四廟迭毀無主名宮者據後桓宮僖宮災哀三年則桓僖固有別宮矣蓋桓以弟繼兄不祧隱故別立桓宮以次僖以兄繼弟不祧閔故別立僖宮以次閔春秋于諸宮丹刻不書而書桓于羣公作主不書而書僖因變事正典禮著廟制也

冬十有一月曹伯射姑卒〇十有二月甲寅公會齊侯盟于扈

謀逆姜氏也

二十有四年春王三月刻桓宫桷○葬曹莊公○

夏公如齊逆女

親迎常事不書莊即位二十四年至是始逆女

蓋制於母姜必欲娶其黨卒以齊女淫亂簒弑

相仍春秋以爲變事特筆之

秋公至自齊○八月丁丑夫人姜氏入

入入于國也書入不書至公先至闕夫人告至

之禮故史無其文春秋因之以志變

戊寅大夫宗婦覿用幣

非禮也御孫曰男贄大者玉帛小者禽鳥以章物也女贄不過榛栗棗脩以告虔也今男女同贄是無别也男女之别國之大節也而由夫人亂之無乃不可乎

大水〇冬戎侵曹

責伯也戎侵曹狄伐邢入衛天下之大故也伯事興而列國有文告故魯史得備書春秋特筆之按傳隱九年北戎伐鄭不書桓六年北戎伐齊不書至是始書

曹羈出奔陳赤歸于曹

羈曹世子名不稱爵未踰年之君也赤曹之庶

蘖羈奔而赤歸爲戎所納也不繫曹蒙上省文此與鄭忽突爭國同譏劉敞曰春秋治治而不治亂使鄭忽曹羈事親而孝爲上而禮在喪而哀臨事而恭大夫順之國人信之雖有宋戎之衆突赤之孽何緣而起然而君臣交爭兄弟爲讐者上有失故下得也

郭公

公疑作亡書法如梁亡之例

二十有五年春陳侯使女叔來聘

聘使大夫常禮爾何以書志内外大夫之私交

政也凡聘使來無不以名通者齊國歸父衛甯俞之類女

叔以字通季友之私也故書如原仲之例

夏五月癸丑衛侯朔卒○六月辛未朔日有食之

鼓用牲于社

吳澂曰社者祭地示也其祭有常禮不書經所

書社凡四非為社書也

伯姬歸于杞

内女之歸不皆書杞伯姬之事屢見于經為詳

錄其始末比以見義

秋大水鼓用牲于社于門

左傳凡天災有幣無牲非日月之眚不鼓

冬公子友如陳

繼聘使之來而有此如報女尗也比觀後如陳葬原仲知聘使之交出於季友女尗之私特筆之

二十有六年春公伐戎夏公至自伐戎〇曹殺其大夫

義繫於殺大夫故特書其官而其人之名氏有不足書者矣胡傳春秋於諸侯之大夫會盟征伐雖齊晉上卿必録其名氏至於見殺雖曹莒

小國亦書其官愚謂孔子筆削義例於此可參
其凡

秋公會宋人齊人伐徐

我主兵也戎徐舊為魯患伯禽嘗征之隱桓世有戎盟莊有濟西之役春伐戎秋伐徐伐徐亦治戎也齊桓圖伯首勤宋魯故鄭侵宋齊助宋以伐鄭戎徐病魯齊宋復助我以伐徐宋魯既服東國諸侯無敢不服者矣明年同盟于幽遂伯天下

冬十有二月癸亥朔日有食之

二十有七年春公會杞伯姬于洮

左傳非事也天子非展義不巡狩諸侯非民事不舉卿非君命不越境陳傅良曰內女為夫人七見于經未有書公會者而會自伯姬始由是來朝其子由是來求婦伯姬之為皆未之前聞也

夏六月公會齊侯宋公陳侯鄭伯同盟于幽

同有同也同尊周也再書同盟諸侯同志而盟翌戴天子大書公會齊侯云云穀梁子謂於是而後授之諸侯予其伯也

秋公子友如陳葬原仲

如陳公事也葬原仲私行也原仲稱字季友之私也內臣無會葬外大夫之禮特書如陳葬原仲明友假公事以行其私○自後大夫為政以私出外交者多矣書不勝書此壹譏以見義

冬杞伯姬來

書來不當來也春會于洮冬杞伯姬來比事觀之而義自見

莒慶來逆叔姬

莒慶通名與我接也我叔姬歸之不書歸不書

女別於爲君夫人者

杞伯來朝○公會齊侯于城濮

王使召伯廖賜齊命且請伐衛公會齊侯于城濮謀伐衛也

二十有八年春王三月甲寅齊人伐衛衛人及齊人戰衛人敗績

齊桓奉王命以伐衛故二十八年書王書月書日以大其事王者之師有征無戰書齊伐衛書衛及齊戰齊不度德衛不量力皆罪也春秋並著之以明伯事之效

夏四月丁未邾子瑣卒○秋荆伐鄭公會齊人宋人救鄭

伯事也特書之齊桓圖伯首親宋魯次勤鄭三國服而諸侯畢服矣然後封衛城邢南伐荆楚之翼戴王室功莫髙焉故曰五伯桓公爲盛

冬築郿○大無麥禾臧孫辰告糴于齊

國有饑饉卿出告糴禮也春秋因災變著典禮特筆之

二十有九年春新延廐

穀梁子曰古之君人者必時視民之所勤民勤

于力則功築罕民勤于財則貢賦少民勤于食則百事廢矣大無麥禾告糴于齊冬築郿春新延廐以其用民力為己甚矣

夏鄭人侵許

齊命也自後許從中國

秋有蜚○冬十有二月紀叔姬卒

錄紀侯去國而不錄其卒紀亡矣特書紀叔姬卒存紀也綜上紀叔姬歸酅而終其事

城諸及防

三十年春王正月○夏師次于成○秋齊人降鄣

上書師次于成下書齊人降鄣則次成之師爲鄣故也鄣紀邑亡國遺俘以無救而敗齊人逞强公之不勇于義皆見矣

八月癸亥葬紀叔姬

因魯人往葬而特書之録叔姬也

九月庚午朔日有食之鼓用牲于社○冬公及齊侯遇于魯濟

謀山戎也以其病燕故

齊人伐山戎

三十有一年春築臺于郎

譏遠也諸侯之觀不過郊

夏四月薛伯卒○築臺于薛○六月齊侯來獻戎捷

桓以旗獲過戎史故以事書來獻戎捷史詞也敵愾獻功諸侯所以事天子諸侯不相遺俘春秋因事變正典禮特筆之

秋築臺于秦○冬不雨

書不雨災也禮莫重於敬天災人君視朔必告廟史臣紀事必登策春秋筆削史文示憂民之教有以時書者此年冬有以月書者僖二年十月三年正月四月

月有歷時一書者文二年自十二月至秋七月莊編比書築郿大無麦禾告糴新延廐城諸及防有蜚三築臺冬不雨春城小穀取義徵旨具見

三十有二年春城小穀○夏宋公齊侯遇于梁丘

○秋七月癸巳公子牙卒

牙有無君之心季子先事誅之不成其惡喪以大夫之禮故史志其卒聖人以季子恩義俱立變而得中特錄之以示教

八月癸亥公薨于路寢

范甯曰公薨皆書其所謹凶變

冬十月己未子般卒

子般莊嫡嗣卒不稱薨未成君也春秋之法君存稱世子君薨稱子某既葬稱子踰年稱公有子則廟廟書葬無子不廟不廟不書葬

公子慶父如齊

告立新君也

狄伐邢

110764

春秋取義測
第二册

春秋取義測卷之四

膠州法坤宏

閔公

元年春王正月

閔何以不言即位子般卒國無嫡嗣慶父利閔之幼弱而奉之國人不順即位之禮不備故史闕其文孔子因之書春王正月不書公即位不正慶父之得立閔也

齊人救邢

伯事也外救不悉書特書之予伯者以救中國

夏六月辛酉葬我君莊公

魯君之葬皆不過五月之期惟桓公見戕于齊九月而葬昭公客死于外八月而葬莊公之薨至是十有一月而後葬君弱危不得葬也故左氏以爲亂故

秋八月公及齊侯盟于落姑

請復季友也閔爲慶父所立猶能盟齊侯歸季子國有人焉於以見秉禮之效當政亂時傾相與維持于不墜故齊仲孫曰周禮所以本也

季子来歸

季子之出不書非以罪去来歸稱子史詞也不言自某歸内逆之非有所奉○朱子語類云季子来歸夫子直書史家之詞愚謂此語乃孔子修春秋通例惟直書史詞則義非徒託而事足徵信苟有改易將所取亦非其義矣

冬齊仲孫来

不稱使非有成命也書来事非有專也齊仲孫歸公曰魯可取乎對曰猶秉周禮未可則仲孫之来覘魯也桓公伯諸侯將因人之難以爲利書来不書事以病桓也

二年春王正月齊人遷陽

齊桓假伯以為名肆其詐力滅譚滅遂降鄣遷陽坐視魯難而待其自斃故孟子曰五伯者三王之罪人也

夏五月乙酉吉禘于莊公

禘者時祭之名因時祭而即吉故不言有事言吉禘時喪制未畢祧主未遷故不于大廟于莊公春秋書之乃以譏變禮

秋八月辛丑公薨

慶父與哀姜弒之春秋之作有筆削無改易魯

三公遇弒皆稱甍杜氏謂史諱之其說是矣或
曰晉趙盾弒其君董狐大書之以視于朝孔子
稱爲良史魯春秋而諱弒君之事魯董史之不
若乎曰此孔子所以取魯之春秋也諱國惡禮
也書法不隱史職也魯秉周禮故魯之春秋禮
舉而史職亦舉蓋記事之體内與外不同例凡
直書某國某人弒其君某皆魯之春秋記他國
之事則然耳至于記本國事自别有文例桓閔
二公之弒載在國史詞繁而不殺讀者屬而比
之而先君不以其道終難發于兩夫人而賊由

齊侯慶父俾聞見者具知國賊主名而獄有攸歸所以雖諱國惡而不害其爲良史也曰是則然矣隱公之弒賊由羽父而春秋于翬無譏辭斯獄將安歸乎曰隱事與桓閔大異賊桓者齊襄賊閔者慶父此國史所得書也賊隱者翬而主名實桓此國史所不得書也孔子作春秋欲明其義而史無其文惟託乎隱以見之夫隱在位十一年矣生稱公卒稱薨天子聘之與國朝之同于盟會列于諸侯而薨不地葬無聞嗣隱而立者居然桓也則隱之賊將舍桓奚責哉春

秋于桓編書正不書王見王㱏之有闕焉以爲王者出而明㱏典刑當必有受其誅者不譏畢㱏以歸獄于桓此所謂因史策之舊文寓化裁之新意游夏所不能賛者也

九月夫人姜氏孫于邾公子慶父出奔莒

二姜與聞乎弑王法之所必誅雖殺夫殺子事若有異而㱏名弑君得罪于宗廟其義則同故書孫之文一施之書公子慶父出奔莒譏佚賊也

冬齊高子來盟

盟立僖公也大書齊高子来盟予其来盟也使臣受命不受辭不言齊侯使權在高子也

十有二月狄入衛

據傳衛師敗君死經不書滅傳例君死曰滅國存也○書入衛不言君滅予桓公以存亡之功書城楚丘不言封衛不予伯者以封國之權

鄭棄其師

鄭人惡高克使帥師師次于河上久而弗召師潰而歸高克奔陳高克見惡于君罪也鄭伯不以禮進退其臣失君道矣故以棄師爲文高克奔

陳不書者不足書也趙汸曰大夫出奔不書必有關於國故而後書古者人臣有去國之義苟無關於一國之故春秋奚治焉故特舉其重者言之莫重於棄其師也

春秋取義測卷之五

膠州法坤宏

僖公

元年春王正月

據傳不稱即位公出故也然則不書即位亦因史文之舊僖因亂入國不能正即位之禮故書法與閔並同

齊師宋師曹師次于聶北救邢

言次不及事也傳言邢人潰出奔師猶書救者本桓公志義卒有救患之功

夏六月邢遷于夷儀齊師宋師曹師城邢

據傳諸侯城之救患也書城邢美之也

秋七月戊辰夫人姜氏薨于夷齊人以歸

夫人薨不地地故也齊桓公殺之于夷以其尸歸我特書以歸為下夫人氏之喪至自齊起文書法與齊人歸公孫敖之喪同譏

楚人伐鄭

莊十年荆敗蔡師于莘荆即楚也蓋稱楚者其國通也稱人者其人通也厥後屈完來盟于師則其臣並以名通矣楚子會諸侯于盂則其君

更以爵通矣史臣隨事變而異其文春秋録之

著蠻夷猾夏之漸

八月公會齊侯宋公鄭伯曹伯邾人于檉

謀救鄭也

九月公敗邾師于偃○冬十月壬午公子友帥師

敗莒師于酈獲莒挐

邾莒均受魯賊故公敗邾師于偃公子友敗莒

師于酈獲莒挐特書之以正孫邾奔莒之罪

十有二月丁巳夫人氏之喪至自齊

書夫人姜氏薨于夷絶之于魯也夫人氏之喪

不書姜絕之于齊也絕之魯絕之齊歸之葬之
非義矣春秋筆之乃以示譏

二年春王正月城楚丘

我城之也或我獨受功或與諸侯分功史亦記
魯事而已據傳城楚丘以封衛孔子以諸侯專
封非義也書城楚丘不書封衛明其道不討其
功也○邢遷夷儀而後諸侯城之故稱城邢楚
丘則先城之而衛後封故稱城楚丘

夏五月辛巳葬我小君哀姜○虞師晉師滅下陽

下陽虢邑畿內侯封書滅比於凡伯楚丘之書

伐皆大其事之詞罪莫大於滅畿内之封邑特
著之晉人造意而首虞主兵也按傳晉人以璧
馬假道虞公許之耳請先
秋九月齊侯宋公江人黄人盟于貫○冬十月不
雨○楚人侵鄭
三年春王正月不雨○夏四月不雨
傳例云凡經時不雨告廟則書歷三時三書不
雨必屢有祈禱吁雩之文史氏得據事而書若
君不舉禮則史亦弟如文公例自某月不雨至
于某月括而書之以志災足矣故此三書不雨

非第記災比事明教也穀梁子義甚精

徐人取舒

自莊伐徐以後徐人服役中國舒楚之與國齊將伐楚使徐人取之以通徑徐爲中國取舒故書法與内滅國書取同文

六月雨

歷三時不雨至是始雨也凡國有旱災雩而雨書雩以志禮雩而不雨書不雨以志災此屢雩而不雨者也書六月雨因上三不雨而終之示勤雨之義

秋齊侯宋公江人黄人會于陽穀
　盟于貫服江黄也會于陽穀謀伐楚也
冬公子友如齊涖盟
　前定之盟也凡來盟曰來往盟曰莅内外詞
楚人伐鄭
四年春王正月公會齊侯宋公陳侯衛侯鄭伯許
男曹伯侵蔡蔡潰遂伐楚次于陘
　凡書侵伐皆罪也春秋無義戰齊桓摟諸侯以
　伐諸侯春秋不以所伐者楚而有恕辭書侵書
　潰書遂伐書次陘文事具而義自見

夏許男新臣卒

許男新臣何以名隱八年宿男卒不名卒于會也傳曰凡諸侯薨于朝會葬之加一等

楚屈完來盟于師盟于召陵

錄伯功也稱來盟史內詞春秋之法内中國外四夷屈完稱名乃比之外臣來盟我國之例不稱使比之荊人來聘之例稱于師我在師也稱名陵齊桓退舍以禮楚使明非于陘也不曰及屈完盟而曰盟于召陵者外楚也猶曰諸侯盟而完來受盟云爾

齊人執陳轅濤塗秋及江人黃人伐陳

齊及之也楚既受盟桓歸諸侯別命將及江黃伐陳不稱齊及者蒙上省文

八月公至自伐楚○葬許穆公○冬十有二月公孫茲帥師會齊人宋人衛人鄭人許人曹人侵陳

比書執陳轅濤塗伐陳侵陳見伯者以力服人之效比書公子友帥師敗莒師于酈公孫茲帥師會諸大夫侵陳公孫敖帥師及諸侯之大夫救徐志三桓專魯政逮大夫之始

五年春晉侯殺其世子申生

殺世子母弟目君明非有司國人之所淂與君之罪也聖人以此爲倫常之大變特筆之

杞伯姬來朝其子

非禮也因事志禮之變

夏公孫茲如牟

内朝聘言如自桓莊以前内君臣外如各以事書（桓以與夫人莊以納幣觀社逆女友以葬原仲）明譏不在朝聘也書如不書事一始于莊二十五年公子友如陳譏私聘也一始于僖十年公如齊譏私朝也嗣是以爲常不可勝譏於朝聘壹譏之公孫茲如牟

傳云娶也經不書娶者以譏聘爲義

公及齊侯宋公陳侯衛侯鄭伯許男曹伯會王世

子于首止

陳氏以爲禮之變也是必有國故焉比觀經文

先王崩有王人于洮之盟王崩又有宰周公葵

丘之會無侯考傳而可知故之在矣○齊侯不

爲會主故不稱公會齊侯書及以會殊之若諸

侯爲世子所會者尊王世子不敢與抗也

秋八月諸侯盟于首止鄭伯逃歸不盟

予首止之盟也書諸侯盟世子不盟也再書首

止會盟兩事也書公及會不書公及盟據定四年諸侯盟于皐鼬稱公及殊諸侯會王世子以尊周不殊公盟諸侯以存伯傳稱其善志謂此類惠王欲撫鄭以從楚鄭伯逃歸不盟鄭伯雖承王命而制命非義春秋書逃以罪之○桓文之伯功高震主首止踐土至使世子降尊天王下勞春秋逃鄭伯之不盟而錄陳侯之如會所以予之者亦至矣然予之之中即寓罪之之義于首止直斥世子降尊之事于踐土深沒天王下勞之文予奪功罪于此具見

楚人滅弦弦子奔黄

書滅弦責伯也春秋于五伯予之深所以責之重

九月戊申朔日有食之○晉人執虞公

不言伐而言執蒙上虞晉滅下陽而終其事不書地執于虞也按傳晉滅虢還執虞公春秋特書執不書滅者重執公也以執公為義則虞滅不書以滅下陽為義則虢滅不書

六年春王正月○夏公及齊侯宋公陳侯衛侯曹伯伐鄭圍新城○秋楚人圍許諸侯遂救許

楚人圍許以救鄭經不書救與陽處父伐楚救
江異者不予楚人之救鄭也
冬公至自伐鄭
七年春齊人伐鄭○夏小邾子来朝
故郳也自宋伐郳後服從中國列于朝會故進
之稱子比之邾稱子之例以爵通也
鄭殺其大夫申侯○秋七月公會齊侯宋公陳世
子欵鄭世子華盟于甯毋
左傳齊侯修禮于諸侯諸侯官受方物
曹伯班卒○公子友如齊

書如不書事譏聘伯也曷王事爲伯事于是始
特筆之志聘禮之變
冬葬曹昭公
八年春王正月公會王人齊侯宋公衛侯許男曹
伯陳世子款盟于洮
謀王室也王人微者序乎公侯之上尊王命也
不書名者御王命監盟事名不列于載書
鄭伯乞盟
乞重詞也重是盟也背夏即夷春秋所惡逃盟
乞盟備書之

夏狄伐晋

責伯也狄于中國有道則後服無道則先叛齊桓存衛救邢狄既暫息伯德衰薄未能及遠晋與狄鄰又内釁頻仍故狄復肆其侵伐

秋七月禘于大廟用致夫人

立成風爲夫人也仲子惠公妾母雖天王有賵而薨葬不志考宫別祀之知不赴不祔未嘗奉爲夫人也妾母之得稱夫人實自僖公成風始故于致廟特起其文焉致之云者因禘祭而尊立爲夫人如後世之上尊號爾

冬十有二月丁未天王崩
九年春王正月丁丑宋公御說卒○夏公會宰周
公齊侯宋子衛侯鄭伯許男曹伯于葵丘
冢宰出會為難故求助友邦也公侯在喪稱子
秋七月乙酉伯姬卒
内女未適人而卒何以書許嫁也許嫁于諸侯
則尊同尊同則服大功九月禮有取女卜吉日
而女死之文春秋因變事著録之
九月戊辰諸侯盟于葵丘
盟稱諸侯前目後凡也書諸侯盟宰周公不盟

也○盟首止以寧王嗣盟寗母以通王貢盟于洮以定王位盟葵丘以明王禁皆王事之大者特筆之

甲子晉侯詭諸卒○冬晉里克殺其君之子奚齊其君之子云者未成爲君也故不言弑而言殺

十年春王正月公如齊

朝帀于伯也譏始不朝帀于王也不朝帀于王而朝伯禮之大變也特筆之○周制諸侯述職于天子有常事五年一朝有常時閒于王事如會同則相見無時而期會有地不相如也桓公

既伯挾天子令諸侯至于其國而聽命故十年正月公如齊越五年正月公復如齊兩書公如齊不書事以朝伯為譏也

狄滅溫溫子奔衛

溫畿内封邑其重視國書法如滅下陽之例

晉里克弑其君卓及其大夫荀息

奚齊死于喪次故稱君之子卓則既葬君而立朝矣故稱君書及累及也○朱子語類問當初晉獻公欲廢太子申生里克不鄭謂從君之義不從君之惑所見甚正只是後來却做不徹曰

他倒了處便在那中立上天下無中立之事自家若排得他退便用排退他若奈何不得便用自死或曰看荀息亦有不是處曰全然不是只是辦得一死亦是難事

夏齊侯許男伐北戎○晉殺其大夫里克

里克與州吁無知同罪而春秋書法不同辭州吁無知之殺殺賊也故以討賊之辭予之里克之殺殺大夫也故不以討賊之辭予之曰然則弑君之賊亦可無討乎曰春秋以王法治羣辟者也臣弑君子弑父國有常刑不待教而罪已

著若諸侯之以庶簒嫡互相弑奪皆春秋所並誅而不以聽者故書晉侯殺其世子申生晉里克殺其君之子奚齊晉里克弑其君卓及其大夫荀息晉殺其大夫里克晉侯夷吾卒而晉奚齊卓夷吾簒奪之罪著矣書衛侯出奔齊衛侯入于夷儀衛甯喜弑其君剽衛侯衎復歸于衛衛殺其大夫甯喜衛侯衎卒而衛衎剽簒奪之罪亦各著矣一君弑一君立使繼故而立者得有所託以逃其獄則繼弑君者有遁情矣魯隱之弑于蔿氏有討矣魯桓之弑于彭生有討矣

春秋皆削而不書者不使軌與諸兒有遁情也

卓之弒夷吾於里克有討矣剽之弒衎於甯喜

有討矣春秋皆以殺大夫書者亦不使夷吾衎

有遁情也

秋七月○冬大雨雪

十有一年春晉殺其大夫丕鄭父

里克之黨也

夏公及夫人姜氏會齊侯于陽穀

非禮也書及以會別男女也志會禮之變

秋八月大雩○冬楚人伐黄

十有二年春王三月庚午日有食之○夏楚人滅黄

黄同盟之國以伐見告歷三時而救不至書冬楚人伐黄書夏楚人滅黄罪桓之不能救也

秋七月○冬十有二月丁丑陳侯杵臼卒

十有三年春狄侵衛

齊桓自召陵盟後楚滅弦滅黄敗徐而不能救狄伐晉滅温侵衛侵鄭而不能亟晉連有弑君之亂而不能定方汲汲伐陳伐北戎伐厲伐英氏滅項不務德而勤遠略伯術之所以不足道

也春秋備書其事義自見矣

夏四月葬陳宣公○公會齊侯宋公陳侯衛侯鄭伯許男曹伯于鹹○秋九月大雩○冬公子友如齊

葵丘之會桓假王禁以令諸侯故五年之内公再如齊朝正也友再如齊修聘也蓋當時伯令如此舉一魯而列國可知

十有四年春諸侯城緣陵

桉傳城緣陵而遷杞焉諸侯即會鹹之諸侯備書會鹹城緣陵而不書其故其故不足書也

夏六月季姬及鄫子遇于防使鄫子来朝

志婚禮之變也鄫子逆女于防未歸鄫而季姬偕之来婚同野合故曰遇来非反馬故曰朝不言鄫季姬者不成之為夫婦也書及書使季姬之不以禮自開鄫子之不以義制妻義亦具見

秋八月辛卯沙鹿崩

書沙鹿崩為天下記異也

狄侵鄭○冬蔡侯肸卒

十有五年春王正月公如齊

再朝伯於伯也

楚人伐徐○三月公會齊侯宋公陳侯衛侯鄭伯許男曹伯盟于牡丘遂次于匡公孫敖帥師及諸侯之大夫救徐

公孫敖書名而諸侯之大夫不序錄内略外史例然爾春秋大書之志大夫爲政之始

夏五月日有食之○秋七月齊師曹師伐厲○八月螽○九月公至自會○季姬歸于鄫

季姬偕鄫子來值公有諸侯之事至是禮而歸之書曰季姬歸于鄫始嫁之詞也

乙卯晦震夷伯之廟

地震不言震地天爲之震夷伯之廟人致之也
傳云于是展氏有隱慝焉夷伯之廟大夫之宗
廟春秋筆之示神道之教

冬宋人伐曹

同盟始自相攻伐桓德衰矣伯事微矣

楚人敗徐于婁林

書諸侯之盟之次大夫之救徐于前書楚人敗
徐于後罪齊桓救徐之不力也於此見五伯假
之之效

十有一月壬戌晉侯及秦伯戰于韓獲晉侯

戰而被獲也國君生得曰獲不言敗晉師者據僖元年友敗莒師于酈獲莒挐舉獲君為重○此秦見春秋之始事是年宋伐曹楚敗徐秦伯獲晉侯桓德始衰三國之變同時俱見孔子以此為五伯迭興之會備書之

十有六年春王正月戊申朔隕石于宋五○是月六鷁退飛過宋都

程子曰六鷁退飛必有氣驅之也春秋所書災異皆天人響應有致之之道故石隕于宋而言隕石夷伯之廟震而言震夷伯之廟此天應之

也

三月壬申公子季友卒

季公子友之字卒以字稱賜之氏因以爲族也

春秋之初官猶尚德吾大夫公子公孫而外如

無駭挾柔溺不稱氏皆公選也自僖公以後内

外大夫之見於經無不書族氏者官人以世尚

德之風邈矣

夏四月丙申鄫季姬卒

禮始於男女春秋重之鄫季姬以遇合始不正

矣書歸書卒以正其終焉

卷五

秋七月甲子公孫茲卒○冬十有二月公會齊侯宋公陳侯衛侯鄭伯許男邢侯曹伯于淮

十有七年春齊人徐人伐英氏夏滅項

書法與滅偪陽同不言遂者伐英氏滅項皆會淮本事非繼生之事史以滅國大惡我公在會故婉其辭為桓諱春秋之義外以諱為善

秋夫人姜氏會齊侯于卞

非禮也卞魯地齊侯東略還過魯故姜氏會之

九月公至自會

按傳會于淮謀鄫且東略也伐英滅項皆東略

中事魯頌閟宮云魯侯之功遂荒徐宅淮夷率
從蓋謂此也公有諸侯之事通前十二月至今
月始歸以會淮之事告廟故書至自會不言城
鄫者齊有亂不果城而還

冬十有二月乙亥齊侯小白卒

十有八年春王正月宋公曹伯衛人邾人伐齊

按傳宋公伐齊納公子昭經不書納齊人殺無
虧經不書殺齊桓無嫡子又不早立嗣身死羣
公子爭立昭與無虧春秋莫適予也特書伐齊
義在於端本澄源為世大鑑

夏師救齊五月戊寅宋師及齊師戰于甗齊師敗績狄救齊

戰救並書取義有旨也詳觀經文桓卒九月而始葬閒無他故同時集六國之兵當由國亂諸子爭立宋襄繼伯倡同盟定齊難魯不附宋各助其黨狄亦乘隙而趣魯史主紀魯事故與他國以伐喪之名而居己與同志以救患之美所謂其文則史也究而論之則宋固伐齊也魯亦伐齊也狄亦伐齊也桓身為伯主死未葬内患外侮一時並趣國伐師敗為天下笑所謂其事

則齊桓也聖人修春秋因史舊文並存而不削屬其詞比其事以示伯業之可賤而諸侯伐喪助亂之罪亦因以俱見所謂取義也

秋八月丁亥葬齊桓公○冬邢人狄人伐衛

邢棄兄弟之親從狄伐衛後卒為衛滅春秋大書邢人狄人伐衛著邢啓寇招侮之罪狄書人史便文爾襄五年戚之會書吴人鄫人十四年向之會復書吴狄與邢伐衛書人二十一年狄伐衛復書狄

十有九年春王三月宋人執滕子嬰齊

滕故宋後齊桓之伯列于同盟莊十五年同盟于幽恃齊而不事宋故宋人執之盟于曹南滕不與不列于諸侯也執稱嬰齊同執大夫之例

夏六月宋公曹人邾人盟于曹南

宋襄公繼伯也襄之伯事亦末矣春秋大書之予之始以責其終乃可即事而考功罪之在此春秋權衡五伯之法

鄫子會盟于邾己酉邾人執鄫子用之

鄫後于會宋使邾人執之不言宋執邾不淂聽使于宋罪邾人也

秋宋人圍曹○衛人伐邢○冬會陳人蔡人楚人鄭人盟于齊

楚始與中國會盟書會我與于會也不書會者之名乃為内諱先陳蔡主會也按傳陳穆公請修好于諸侯以無忘齊桓之德春秋以此為楚主夏盟之肇端特筆之

梁亡

梁亡非有亡之者民逃其上而土為鄰有罪無所歸史故以自亡為文梁亡鄭棄其師我無加損焉正名而已矣

二十年春新作南門

書作不宜作也書新改舊也伯事興王道徹列侯僭踰禮制見於我魯禘廟卜郊新作南門即雉門兩觀皆在僖公之世故子家駒曰諸侯僭天子大夫僭諸侯久矣春秋特筆之

夏郜子来朝

隱十年取郜茲復見郜子来朝者明先王建國非諸侯所得滅取

五月乙巳西宮災

西宮寢宮其言西宮何王克棪曰禮自命士以

上父子異宫故有西東南北諸宫名衛風稱東宫之妹左傳南宫适北宫喜以宫命氏則西宫亦異宫之通稱爾春秋謹災變故書

鄭人入滑

滑同盟之國齊桓既沒中諸侯棄同即異于齊于邢之盟楚狄與焉鄭入滑楚伐隨狄侵衛春秋備志之

秋齊人狄人盟于邢○冬楚人伐隨

蠻夷相伐不志楚與中國會盟假慶告以相恐動故伐隨之文見于春秋

二十有一年春狄侵衛

邢之盟故也

宋人齊人楚人盟于鹿上

據傳宋人求諸侯于楚盟于鹿上齊言也先宋主盟也三國稱人大夫也

夏大旱

志災也

秋宋公楚子陳侯蔡侯鄭伯許男曹伯會于盂執宋公以伐宋

楚宋爭長也首宋公主會也次楚子強大相先

也楚以爵通與于内會也不言楚執宋公者分其惡于諸侯

冬公伐邾○楚人使宜申來獻捷

楚人楚子也斥曰楚人君臣同詞史略之宜申稱名接内也

十有二月癸丑公會諸侯盟于薄釋宋公

執未有言釋者特書釋以公之與盟也諸侯不序不以外主内

二十有二年春公伐邾取須句

按傳取須句反其君焉禮也春秋書取不書反

禮得及其君不得取其土也

夏宋公衛侯許男滕子伐鄭

滕子從宋伐鄭列許男下屬於宋也

秋八月丁未及邾人戰于升陘

爭須句也及不言公蒙上伐取見以須句戰也

冬十有一月己巳朔宋公及楚人戰于泓宋師敗績

楚伐宋以救鄭不書救而書戰著楚人亂華之罪及書宋公史内詞

二十有三年春齊侯伐宋圍緡

齊棄中夏而即蠻夷乘宋之危伐其國圍其邑
備書之罪其助楚爲虐
夏五月庚寅宋公茲父卒
不書葬魯不往會也
秋楚伐陳
討其貳于宋也
冬十有一月杞子卒
卒而不名未同盟也杞前稱侯稱伯今稱子傳
以爲即夷故
二十有四年春王正月○夏狄伐鄭

志狄禍也晉衛邢姬姓之國溫畿內封邑鄭尤王室懿親狄皆得而滅伐之是諸侯無復有事守也春秋大書狄伐鄭天王出居于鄭以志無伯之害

秋七月○冬天王出居于鄭

天王無出辟母弟之難而出王之自絕于天也書居于鄭如居于鄆之例不書入義不繫乎入也

晉侯夷吾卒

夷吾繼奚卓而立者按傳以前年九月卒至是

文公定位而来告故史附於策末春秋特筆之

使争殺簒奪之獄罪有所歸

二十有五年春王正月丙午衛侯燬滅邢

春秋無滅同姓書名之例朱子以燬爲羨文

夏四月癸酉衛侯燬卒○宋蕩伯姬来逆婦

姑自逆婦志失禮

宋殺其大夫

春秋書宋殺大夫四惟蕩山書名公子卬則書

官此及文七年不記名氏皆因史文之舊義繫

于殺大夫不繫于所殺之名氏也

秋楚人圍陳納頓子于頓

時頓子在陳楚故圍而納之諸侯失國諸侯納之其常也諸夏相陵假手蠻夷以市其義春秋傷變事特筆之

葬衛文公○冬十有二月癸亥公會衛子莒慶盟于洮

齊桓既沒晉文未興諸侯之盟會征伐復散而無統矣同盟無王也散盟無伯也春秋所以書也

二十有六年春王正月己未公會莒子衛甯速盟

于向○齊人侵我西鄙公追齊師至酅弗及

書追戎于濟西追齊師至酅譏其無警備而輕出弗及弗敢及也書之若追而弗及者史臣內辭

夏齊人伐我北鄙○衛人伐齊○公子遂如楚乞師

召外兵以爲内患春秋特筆之書乞師始此○比書公子遂如楚乞師帥師入杞伐邾如齊如京師如晉爲後政在大夫起本魯君失政自東門氏始也

秋楚人滅夔以夔子歸○冬楚人伐宋圍緡○公以楚師伐齊取穀公至自伐齊

楚自戰泓以後伐陳圍陳滅夔伐宋圍宋憑陵益横矣魯以秉禮之國助之爲虐諸侯無伯害哉

二十有七年春杞子来朝

左傳杞桓公来朝用夷禮故曰子

夏六月庚寅齊侯昭卒○秋八月乙未葬齊孝公○乙巳公子遂帥師入杞○冬楚人陳侯蔡侯鄭伯許男圍宋○十有二月甲戌公會諸侯盟于宋

圍宋稱楚人君臣同詞比楚于外諸侯即圍宋之諸侯盟宋不序書法與于薄同

二十有八年春晉侯侵曹晉侯伐衛

錄伯事也侵曹伐衛原兩事春秋兩書之以伐國為重

公子買戍衛不卒戍刺之

内殺大夫曰刺魯附楚為楚戍衛既又懼晉討刺買以說于二國前書晉伐衛後書楚救衛中書公子買以戍衛見殺則刺之之故以比屬而見

楚人救衛

楚救不書書救衛錄城濮之功也晉侯伐衛以致楚楚人解圍宋之師以救衛是以有城濮之戰

三月丙午晉侯入曹執曹伯畀宋人

書畀宋人見侵曹入曹皆以宋故

夏四月己巳晉侯齊師宋師秦師及楚人戰于城濮楚師敗績

錄伯功也傳云出穀戍釋宋圍一戰而霸

楚殺其大夫得臣

戰城濮故也諸侯無專殺大夫之法雖楚無王
而王法自在春秋特筆之
衛侯出奔楚
比書楚人救衛衛侯出奔楚著衛見伐之由以
附楚故
五月癸丑公會晉侯齊侯宋公蔡侯鄭伯衛子莒
子盟于踐土
列書諸侯而序晉侯于齊宋之上予晉以伯也
衛子衛侯鄭之弟叔武晉侯逐衛侯使叔列于
會攝位受盟非有王命故從未成君之例而稱

子序鄭伯之下〇杕武稱子從史文也邾郳杞滕之稱子伯皆同此例詳桓二年滕子来朝

陳侯如會

稱如會我在會也特筆之以錄伯功

公朝于王所

朝不言所言所非其所也天王下勞晉侯公就王所而朝之春秋無諸侯朝王事惟于朝王所而見之因變事著典禮也此諸侯皆朝何以獨稱公朝踐土之諸侯主為會晉而来不為朝王春秋因魯史達王事不錄伯事也

六月衛侯鄭自楚復歸于衛

衛侯鄭稱名別二君也踐土之盟衛子列于會矣衛侯復歸而殺叔武不書殺者殊之不使同于公子瑕不以争立之罪累叔武也叔之立晉文爲之

衛元咺出奔晉

訟殺叔武也古者人臣有去國之義所謂有故而去者本事之常至於訟君而出挾大國以抗其君則非常也故特書奔以著其罪

陳侯欵卒〇秋杞伯姬來

書来不宜来也按伯姬莊公女莊二十五年歸

杞至是三十八年矣

公子遂如齊

書如齊不書事（據前如楚乞師書事）聘事也朝聘王事公

朝王而遂如齊譏私也爲下公如齊起本

冬公會晉侯齊侯宋公蔡侯鄭伯陳子莒子邾子

秦人于温〇天王狩于河陽壬申公朝于王所

王所王狩之所按傳是會也晉侯名王以諸侯

見且使王狩仲尼曰以臣名君不可以訓故書

曰天王狩于河陽蓋狩河陽晉侯名王之事天

王狩于河陽魯史所載晋告諸侯之文孔子因國史著明其義而晋文譎而不正之罪不可得而揜矣○踐土之役天王親勞晋侯春秋深没其文據經文上書公會踐土下書公朝于王所是王親至踐土而經不書以見下勞之過賞河陽之役晋侯名王狩春秋著明其事據經文上書公會于温下書狩河陽公朝于王所河陽即温地是以會温致王狩也以示上名之當誅郤子謂五伯者功之首罪之魁惟所以處功者非其道功益高而罪益重故明于五伯之功罪斯明義矣

晋人執衛侯歸之于京師衛元咺自晋復歸于衛

卷五

志君臣之獄也晉文逐衛侯立叔武衛侯歸而殺叔武與元咺訟不勝晉人執衛侯咺歸立公子瑕而殺叔武事不見于春秋斯獄將何由斷乎曰君臣無獄謂不以訟之曲直爲罪而訟即其罪書元咺奔晉書晉人執衛侯書元咺自晉復歸于衛即所書而其罪自見不必更考其事之曲直以爲罪矣此所謂甚幽而明無傳而著者也書自晉晉有奉焉奔大夫書復歸自咺始

諸侯遂圍許

齊桓之伯九合諸侯不以兵車伐楚之舉僅能

服之盟王人會世子猶未敢肆也晉文則一歲之中侵曹伐衛敗楚師盟踐土會温執兩諸侯而再致天子茲又遂圍許盖急於圖伯而爲一切之計嗣是以後興權尚詐仁義充塞強者以力相雄長而吳楚進矣盖桓伯之假以匹文伯之假以譎迹若有殊而害義則均比其事以見之而伯者功罪之權衡審矣

曹伯襄復歸于曹遂會諸侯圍許

衛侯鄭復歸書自楚義繫于自楚也衛元咺復歸書自晉義繫于自晉也曹伯襄之復歸不書

自義無所繫也書遂會書服也以録伯功

二十有九年春介葛盧來

來必有事不書其事其事無足書也事無足書而再書其來亦慎馭戎吏之道義詳介人侵蕭

公至自圍許

按傳會于溫討不服也諸侯皆朝王許不至遂圍許致不書自會明圍許其本事

夏六月會王人晉人宋人齊人陳人蔡人秦人盟于翟泉

外大夫與王臣盟也稱王人王事也舉稱人皆

大夫也書會我與于會也不書會者之名諱與

王人盟也此大夫逮政之肇端特筆之○文宣

以前政在諸侯征伐會盟大夫奉君命以從事

雖齊晋伯國其臣非接我無得以名通者外大

夫盟諸侯書名自士縠始帥師伐國書名自陽

處父始

秋大雨雹○冬介葛盧来

三十年春王正月○夏狄侵齊○秋衛殺其大夫

元咺及公子瑕

公子瑕之殺書及以咺之罪累及之咺書殺而

不去其官殺不以其罪也

衛侯鄭歸于衛

前書歸自楚歸也再書歸京師歸之也以結衛侯見執案○衛之禍晉文爲之王者不作而伯術興相軋以事權相誘以功利使人兄弟相殺君臣相訟極乎人倫之變者文公爲之也

晉人秦人圍鄭

翟泉之盟鄭不至故

介人侵蕭

張洽曰介再来魯而次年遂侵蕭求援而後舉

兵也與荆人秦術之聘同

冬天王使宰周公来聘公子遂如京師遂如晋

列侯佐伯有功天子嘉之故有此聘上公曰公

冢宰曰宰天王使宰周公来聘以為異數特筆

之書公子遂如京師譏公之不如京師也亟于

伯而不遑于王也遂逆者繼事之詞貳事並舉等

伯聘于王聘聘禮之又一變也〇書内臣如京

師始此

三十有一年春取濟西田

晋文既伯命及諸侯侵地濟西田不繫國吾故

田也

公子遂如晉

拜濟田之賜也貪於伯令不以義正疆界而得
非其道則亦利之而已春秋所以于濟田書取

夏四月四卜郊不從乃免牲猶三望

譏郊祀也郊祀非禮也魯人歲一舉不可勝譏
因災變以見義四卜郊不從郊之變也特筆之
曰免牲不郊也不書不郊可以不郊也望郊之
細也曰猶三望以為通可以已也

秋七月○冬杞伯姬来求婦

姑自求婦譏同蕩伯姬

狄圍衛○十有二月衛遷于帝丘

三十有二年春王正月○夏四月己丑鄭伯捷卒

○衛人侵狄秋衛人及狄盟

狄圍衛衛遷于帝丘遠其難也衛人侵狄衛人及狄盟制其命也衛所以猶能國

冬十有二月己卯晉侯重耳卒

三十有三年春王二月秦人入滑

忘戎伯之害中國秦僻處西戎晉文借其力以勝楚始與中國會盟既而啓釁于圍鄭懵謀于

入滑敗殽以還互相讎殺者五世春秋詳書之

齊侯使國歸父来聘

歉公子遂之聘也時政將在大夫春秋于内外

臣之如聘備書之

夏四月辛巳晉人及姜戎敗秦于殽

晉有軍行大夫主之人謂先軫文公未葬而及

姜戎故稱人

癸巳葬晉文公○狄侵齊○公伐邾取訾婁秋公

子遂帥師伐邾○晉人敗狄于箕

郤缺獲白狄子

冬十月公如齊
譏私朝也齊桓之卒魯再伐邾乞楚師以伐齊
晉文之卒魯又再伐邾茲之如齊蓋懼晉討因
歸父之報聘通好解讎欲攺事以叛晉
十有二月公至自齊乙巳公薨于小寢
譏即安也
隕霜不殺草李梅實○晉人陳人鄭人伐許
許楚與也敗狄伐許頻稱人晉之伯得人力也
時晉新遭大喪强隣環伺秦過軼狄內訌初附
之國皆視强弱為向背晉人敗殽以却秦敗箕

以翦狄伐許以抑楚三強既退齊魯諸國遂無
敢有異志者春秋大書之

春秋取義測卷之六

膠州法坤宏

文公

元年春王正月公即位

即位者告廟臨羣臣也國君繼立踰年正月必改元正位禮也文公成公先君未葬而即位春秋大書之朱子曰天子諸侯之禮與士庶不同伊訓元祀十有二月朔亦是新喪伊尹以奉嗣王祇見厥祖不用凶服漢唐新主即位皆行册禮君臣吉服追述先帝之命以告新君蓋易世

傳授國之大事王侯以國爲家雖先君之喪猶以爲己私服也

二月癸亥日有食之○天王使叔服來會葬魯僖佐二伯有成勞天子于其葬也有加禮○列侯交政以來見于我魯無國君會葬之文襄宣之薨兩書滕子則春秋之季也桓文興而周室徵以王官之貴會葬外侯春秋特筆之譏變禮

夏四月丁巳葬我君僖公○天王使毛伯來錫公命

錫命之文春秋獨於三公有譏者以文未畢喪
而錫命則已早成立八年而後錫則已遲至桓
則生不受命死乃追錫之皆所謂禮之變者

晉侯伐衛

晉襄繼伯也據傳襄公朝王于溫先且居伐衛
凡春秋書伐皆罪詞晉侯朝王伐衛疑若無罪
矣猶書伐者晉侯得朝王不得伐衛董子曰春
秋常於其嫌得者見其不得也

叔孫得臣如京師

拜錫命也在喪不能躬往使大夫特筆之譏禮

之變

衛人伐晉

征者上伐下也敵國不相征也晉衛相伐均罪

爾春秋不以晉伯而有異詞示賤伯之教

秋公孫敖會晉侯于戚

君在喪而敖出會伯主政出大夫之效也

冬十月丁未楚世子商臣弑其君頵

陳傅良曰楚國未志其志頵何世子弑君不可

以楚不志也

公孫敖如齊

二年春王二月甲子晉侯及秦師戰于彭衙秦師敗績

秦晉齊楚春秋大國也其戰伐皆有繫于天下之故錄之特詳先晉于秦者内中國外四夷史文例僖十五年戰于韓三十三年敗秦于殽文七年戰于令狐十二年戰于河曲

丁丑作僖公主

羣公無言作主者古人重尸不重主祭各于其宮不須主惟于合食時用主以别几筵次序故禮有毁廟不言毁主此二月作主八月大事于大廟將用之以躋僖公特筆之

三月乙巳及晉處父盟

傳曰厭盟也不曰晉處父來盟曰及晉處父盟

據鄭語書來盟盟于晉也大夫盟諸侯也公如晉不書史爲内諱

夏六月公孫敖會宋公陳侯鄭伯晉士縠盟于垂隴

此外大夫會盟諸侯之始公侯列序而士縠書名大夫爲政也

自十有二月不雨至于秋七月

穀梁謂文不憂雨深得春秋垂訓之旨

八月丁卯大事于大廟躋僖公
逆祀也祔僖主于閔上也祔廟常禮不書大事于大廟躋僖公以爲非常特書之義與禘廟致夫人同譏○王克掞曰據禮凡祔皆稱躋如云躋祔爾于皇祖伯某是也孫祔于祖越父而上故曰躋躋即祔也然則躋僖公常禮爾春秋於躋羣公不皆書而特書躋僖公故傳云譏逆祀
冬晉人宋人陳人鄭人伐秦
列序諸國而首晉存伯也四國稱人大夫也
公子遂如齊納幣

納幣不悉書（據桓娶夫人姜氏不書納幣）特書公子遂如齊納幣起後事之變也納幣使卿而逆婦以徵者傳所謂貴聘而賤逆也

三年春王正月叔孫得臣會晉人宋人陳人衛人鄭人伐沈沈潰

譏伐沈也沈小國無罪受伐書伐書潰甚之也得臣會伐大夫為政也不稱師師不以師會也

夏五月王子虎卒

同盟故也翟泉召陵之會王子虎劉子在焉故俱書卒書名

秦人伐晉
志秦伯也據傳濟河焚舟取王官及郊晉人不
出遂伯西戎
秋楚人圍江○雨螽于宋
記異也書于宋别于内地書法與隕石六鷁同
例
冬公如晉十有二月己巳公及晉侯盟
晉人懼無禮于公請改盟特書公及尋前盟也
晉陽處父帥師伐楚以救江
前書世子商臣弑君此書伐楚以救江見晉非

熊伐楚也此書伐楚以救江後書楚人滅江見晉非熊救江也比事觀之而義各自見外大夫帥師書名始此征伐自大夫出也

四年春公至自晉

公如晉者二十書至者十有三書其至以見其有不得至不以至爲常也

夏逆婦姜于齊

不書逆者名氏乃微者往婦對姑之稱時僖夫人聲姜在○經書逆夫人惟此最略不書逆者名氏不書逆女不稱夫人不言氏不書至蓋常

時逆事本略故史文亦略孔子著之爲後子弑

夫人歸張本

秋侵齊○秋楚人滅江○晉侯伐秦

郭王官之役伐晉稱人大夫將也伐秦稱爵君

自行也

衛侯使甯俞來聘○冬十有一月壬寅夫人風氏

薨

薨以夫人之禮也僖公隆于所生成以夫人之

禮天子諸侯亦以夫人之禮禮之禮之變也春

秋特筆之

五年春王正月王使榮叔歸含且賵○三月辛亥

葬我小君成風

據傳葬則廟仲子不稱夫人故別考宮若成風書夫人書小君則不疑於祔矣故用致夫人非指哀姜也哀姜僇死法不應祔而僖自崇其母如漢家廢呂后而配薄后之事故傳家有母以子貴之法

天王使召伯來會葬

王臣會葬侯國非常禮春秋獨於僖公成風兩見之伯事興而王室下儕於侯封婚禮廢而嬖

妾上擬於嫡妃僖之葬書来會志禮之變也成風之葬書来會又變之變也〇成風妾母薨稱夫人葬稱小君春秋書之不爲異詞焉豈與之乎曰春秋之修以書不書見義君夫人歸賵不書而於仲子特書之含襚會葬不皆書而於成風備書之於前天王之賵而書惠公仲子於後秦人之襚而書僖公成風春秋未嘗與妾母爲夫人也

夏公孫敖如晉〇秦人入鄀

秦已得志于晉故旁侵小國

秋楚人滅六○冬十月甲申許男業卒

六年春葬許僖公○夏季孫行父如陳

脩前聘也行父季友之嗣據傳陳衛方睦故行父聘于陳以求好春秋比書衛侯使甯俞來聘季孫行父如陳志諸侯大夫之交私

秋季孫行父如晉○八月乙亥晉侯驩卒○冬十月公子遂如晉葬晉襄公

桓文之葬御無出送之文書公子遂如晉葬晉襄公譏變禮也

晉殺其大夫陽處父晉狐射姑出奔狄

射姑殺之也於是君在喪亂自下作書殺書奔國之無政也

閏月不告月猶朝于廟

譏始不告月也書猶朝于廟譏後四不視朔不朝于廟也公之怠于為政也

七年春公伐邾三月甲戌取須句遂城郚

僖公嘗伐邾取須句（僖二十二年）升陘之戰邾人再滅之至是復伐取焉因伐邾遂城郚重勞民也

夏四月宋公王臣卒宋人殺其大夫

書宋公王臣卒宋人殺其大夫宋人殺其大夫

司馬宋司城來奔宋子哀來奔比事以觀國亂無政可知為後弑其君處臼

戊子晉人及秦人戰于令狐晉先蔑奔秦

及戰稱晉人國無君也趙盾舍嫡嗣而外求君先蔑居卿位相從於昏皆罪也奔不言出自軍中而去

狄侵我西鄙

比書狄侵齊侵我時無伯也

秋八月公會諸侯晉大夫盟于扈

書公會諸侯晉大夫盟于扈譏大夫為政也大

夫主盟諸侯也諸侯不序晉大夫不名者不以諸侯之序敵一大夫通大夫之淂盟諸侯也時諸侯無盟主也襄公卒靈公幼未能出會諸侯無盟主中國之大故也○傳云公後至故不書所會然則晉大夫不名史氏闕文也春秋取義有自史所不書特筆之

冬徐伐莒公孫敖如莒涖盟

徐伐莒吾為二國求盟好常事爾何以書為下公孫敖奔莒書也大夫之無道也齊桓盛時徐人為我取舒晉伯襄徐先伐莒比觀而伯事之

隆替㐲見

八年春王正月〇夏四月〇秋八月戊申天王崩〇冬十月壬午公子遂會晉趙盾盟于衡雍會盟自大夫出也諸侯之大夫奔王喪故以其閒會盟于衡雍衡雍畿内地也不書如京師者以譏專盟爲義不得假王事爲之辭

乙酉公子遂會雒戎盟于暴

乙酉距壬午四日再書公子遂者以二事行且以辨中外暴辛公采邑亦畿内地

公孫敖如京師不至而復丙戌奔莒

不至京師也不書所至舉京師爲重王赴
及魯巳三閱月必無至是始往弔者敎如京師
巳在前矣卿弔王喪禮之常故王崩魯遣大夫
不皆書此因不至京師追治之故以奔莒立文
[illegible]〇宋人殺其大夫司馬宋司城來奔
列國之大夫無書官者宋殺其大夫特書官義
繫于官也義詳宋司馬華孫來盟宋以恪封得用先代官
物故司馬司城見于春秋

九年春毛伯來求金

譏方貢不入也按禹貢荆揚貢金三品則諸侯

固有常貢矣時王靈益微職方不修毛伯求金而後王室之求不復譏

夫人姜氏如齊

歸寧也父母在夫人歸寧禮也何以書內夫人之書如惟出姜得禮之正書其正以見有不正焉

二月叔孫得臣如京師辛丑葬襄王

書叔孫得臣如京師譏公之不如京師也諸侯始不會王葬也○書公子遂如京師遂如晉等伯聘于王聘也書公子遂如晉叔孫得臣如京

師東王葬于伯葵也

晉人殺其大夫先都

頻書晉殺其大夫國無政也晉伯所以不競

三月夫人姜氏至自齊

内夫人之出十有四春秋皆不書其至特書夫人姜氏至自齊為後夫人歸齊起文

晉人殺其大夫士縠及箕鄭父〇楚人伐鄭公子遂會晉人宋人衛人許人救鄭

晉伯不競也書救不及事也傳曰鄭及楚平不書不以平為義

夏狄侵齊

秦人入鄀楚人滅江滅六伐鄭徐伐莒狄侵我侵齊侵宋春秋備書之皆以志中國之無伯

秋八月曹伯襄卒○九月癸酉地震

記異也地震必有方不曰于某方爲天下記異也義繫於震不繫於所震之方

冬楚子使椒来聘

窺我也中國之無伯也楚前與于會盟故君稱爵臣稱名椒不氏未以氏通也故秦術吴札亦皆不氏

秦人来歸僖公成風之襚

僖公成風之襚史文也僖公尊妾母爲夫人稱諸邦人稱諸異邦秦人承赴而歸禮國史即事而立文其曰僖公成風者繫母于子殊之所以明貴春秋因史文特筆之比之惠公仲子之例明妾母之不同于匹嫡朱子曰僖公成風與晉簡文帝鄭太后一也皆所以著妾母之義

葬曹共公

十年春王三月辛卯臧孫辰卒○夏秦伐晉

史臣立文有詳略同盟之國其君大夫有略而

稱人者其國有略而舉號者秦伐晉鄭伐許皆史傳聞異詞春秋筆之譏秦晉之相伐

楚殺其大夫宜申

宜申謀弒穆王穆王殺之是殺賊也然商臣亦弒其君者懷惡而討不可以服人魯史以國殺大夫立文孔子筆之取義之旨微矣

自正月不雨至于秋七月〇及蘇子盟于女栗

據傳頃王立故也襄王之立宰周公出會諸侯令天下無伯王官不能名會各以其私求助于友邦而蘇子之盟見于魯史不稱王人者據盟于洮

稱人王非有王命也不書及者名氏諱私與王臣
盟
冬狄侵宋○楚子蔡侯次于厥貉
志楚圖伯也次于厥貉以窺中國
十有一年春楚子伐麇○夏叔仲彭生會晉郤缺
于承筐
謀諸侯之從楚者時中國無伯列侯不自為政
而授柄于其大夫聖人不得已而有取猶予伯
之義云爾義詳趙盾同盟新城
秋曹伯來朝

二伯之興伯事外朝聘之見于列國者葢鮮桓文沒伯權散秦與楚合齊與晉異諸侯各以小大相屬役曹滕邾杞近魯爲魯弱故于其朝聘備志之

公子遂如宋○狄侵齊○冬十月甲午叔孫得臣敗狄于鹹

狄侵佚中國以桓文之力莫之能制大書叔孫得臣敗狄于鹹錄功也○得臣不言帥師師少也據傳獲長狄僑如摏其喉以戈殺之葢以異書也獲一人而曰敗大其事之辭

十有二年春王正月郕伯来奔
郕伯不名不通于盟會也特書其奔傷時無王
伯諸侯之失其國土
杞伯来朝○二月庚子子叔姬卒
姬或稱伯叔季或稱子伯叔季對兄弟之稱子
對父母之稱書卒義同僖九年伯姬
夏楚人圍巢○秋滕子来朝○秦伯使術来聘
時秦晉交惡而與楚善術来聘術来聘盖合謀
以窺中國
冬十有二月戊午晉人秦人戰于河曲

志二國之爭以著伯事之失秦晉亟戰而楚進矣

季孫行父帥師城諸及鄆

譏帥師城也城不言帥師帥師季氏之專也

十有三年春王正月○夏五月壬午陳侯朔卒○邾子蘧篨卒○自正月不雨至于秋七月世室屋壞

羣宫滬毀易檐改塗有壞廟之禮世室本無壞道自正月不雨至于秋七月世室屋壞春秋譏之

冬公如晉衛侯會公于沓○狄侵衛
叔孫得臣敗狄于鹹後再見此侵嗣有赤狄白
狄乃狄之別種晉所會欑函之羣狄是也
十有二月己丑公及晉侯盟公還自晉鄭伯會公
于棐
譏諸侯之私爲會也凡言公會諸侯皆公往與
于會沓棐之會變文書會公乃衛鄭來會于我
時晉伯不競中諸侯湯無所與觀鴻雁載馳之
賦其情可見
十有四年春王正月

春頃王崩周公閱與王孫蘇爭政故不赴凡崩薨不赴則不書禍福不告亦不書懲不敬也案傳稱凡皆舉史例

公至自晉○邾人伐我南鄙叔彭生帥師伐邾○夏五月乙亥齊侯潘卒○六月公會宋公陳侯衛侯鄭伯許男曹伯晉趙盾癸酉同盟于新城

列書諸侯而序趙盾予其同也齊桓于幽之同授諸侯于諸侯新城之同授諸侯于大夫胡氏傳曰夷考晉楚行事未有以大相遠也而春秋予奪如此者荊楚僭王若與同好陵蔑諸夏是

將代宗周爲共主君臣之義滅矣

秋七月有星孛入于北斗

經書星孛者三此年北斗昭十七年大辰哀十三年東方不言事應而事應具存傳曰陰陽之事非吉凶之所生也吉凶在人此春秋書災變通義也

公至自會○晉人納捷菑于邾弗克納

晉趙盾以諸侯之師八百乘納捷菑于邾邾人辭曰齊出貜且長宣子曰非吾力不能納也義實不爾克也引師而去之故君子善之而書曰弗克納按傳稱君子曰皆史文也春秋錄之明

伯事之不可以力假

九月甲申公孫敖卒于齊

穀梁奔大夫不言卒而言卒何也爲受其喪不可不卒也其地于外也

齊公子商人弑其君舍

嗣君未踰年稱子喪禮也君弑正名曰弑君史法也奚齊荀息所立里克不以爲君而殺之故從彼赴我之詞而稱殺子卓與舍國既奉以爲君已又見殺自當據我録彼之例而書曰弑其君不論踰年未踰年也穀梁云成舍之爲君所

以重商人之弑合春秋之義矣

宋子哀来奔

凡書奔皆罪詞子哀爲國貴戚不能持危定傾委其君而去亦罪也故與諸奔者同書

冬單伯如齊齊人執單伯齊人執子叔姬

子尗姬君舍母也商人弑其君又執君母魯假王寵以請故單伯如齊齊人執單伯先書單伯尊王官也兩書執别男女也

十有五年春季孫行父如晋○三月宋司馬華孫来盟

按傳宋華耦來盟其官皆從書曰宋司馬華孫貴之也趙汸謂宋昭之弑華氏爲之也春秋書宋人殺其大夫司馬宋司馬華孫來盟宋人弑其君杵臼則獄有所歸矣

夏曹伯來朝○齊人歸公孫敖之喪

此奔大夫也其喪歸何以志趙氏以爲有君命也王克掞曰大夫去國其宗猶在死喪反告于宗禮也去國三世其禮猶然故禮爲舊君有服齊人歸公孫敖之喪春秋因事著之以見君臣之禮愚謂人臣有去國之義所謂有故而去非

有罪也先王制禮待罪臣必有國常春秋無襃
内大夫之文而特書齊人歸公孫敖之喪義當
與杞伯逆叔姬之喪歸同譏
六月辛丑朔日有食之鼓用牲于社○單伯至自
齊
爲錄子叔姬之歸而書單伯也單伯爲魯使而
見執故書之如致内臣見執之例
晉郤缺帥師伐蔡戊申入蔡
新城之盟蔡人不與故郤缺伐蔡書伐書入甚
之也

秋齊人侵我西鄙○季孫行父如晉○冬十有一月諸侯會于扈

諸侯不序散詞也晉之不能統諸侯也按傳晉侯宋公衛侯蔡侯陳侯鄭伯許男曹伯盟于扈尋新城之盟且謀伐齊也齊人賂晉侯故不克而還吴澂曰晉侯伯主而與諸侯同稱諸侯不以伯主畀晉靈也

十有二月齊人来歸子叔姬

書齊人来歸異于鄭伯姬杞伯姬之来歸也稱子叔姬自魯録之父母詞

齊人侵我西鄙遂伐曹入其郛
謂諸侯不能故也於是晉遂不競齊首敗盟繼
盟扈之後侵我伐曹見齊之因而生心書遂伐
特筆也
十有六年春季孫行父會齊侯于陽穀齊侯弗及
盟
書會齊侯是與齊有約言矣公不親往故不見
與盟書之若齊來盟而弗及者史臣内詞
夏五月公四不視朔
五月四不視朔是正月視朔也每不視朔必書

是每月必視朔也四不視朔疾也書不視朔不書疾自是公無疾不視朔也譏始不視朔也文公閏不告朔不視無雨不閔會同不與廟壞不修比觀之知事神治民之失所以政逮于大夫

六月戊辰公子遂及齊侯盟于郪丘

前書齊侯弗及盟此書及齊侯盟求與盟也賂故也

秋八月辛未夫人姜氏薨毀泉臺

譏毀泉臺也先祖爲之已毀之不如勿居而已矣

楚人秦人巴人滅庸

志秦楚之合也秦楚合非中國之利也

冬十有一月宋人弑其君杵臼

凡弑君稱君君無道也稱名氏以賊赴獄有所歸者也稱國稱人賊無主名獄無所歸者也春秋爲亂臣賊子而作獄無所歸而大書其事則書之即所以誅之矣

十有七年春晉人衛人陳人鄭人伐宋

特書伐宋正名也按傳四國伐宋討弑君之亂猶立文公而還然則非能伐宋也何以書曰春

秋伐國之正未有過於斯舉者君子不逆人以不善苟有可予斯予之耳予之于始乃可責之于終書伐宋于前而書會扈于後其罪有不可得而揜者矣

夏四月癸亥葬我小君聲姜

魯夫人之娶詳於桓莊宣三公而餘皆從略内女之嫁詳於紀伯姬叔姬宋共姬三女而餘皆從略僖之聲姜襄之齊歸聘逆不一書事有詳略由文有筆削也或疑録聲姜之薨葬於後而不録娶夫人於前於事之本末不備不知春秋

非錄事也錄義也

齊侯伐我西鄙六月癸未公及齊侯盟于穀

書會齊侯弗及盟及齊侯盟于鄗丘我求彼而與之盟也書齊侯伐我西鄙公及齊侯盟于穀彼脅我而要之盟也公之不能自為政也

諸侯會于扈

伐宋之諸侯也書會扈見未能伐宋於是有齊難公不與會略諸侯而不序此魯史法也因其略而略之以見義修春秋法也故家鉉翁曰兩扈之會諸侯不序春秋所以削晉伯

秋公至自穀冬公子遂如齊
文公不自爲政凡諸侯之事多緩不及與政逮
於大夫有由然矣春秋備志之
十有八年春王二月丁丑公薨于臺下
臺下泉臺之下也不書臺名已毀故比書毀泉
臺公薨于臺下譏公之不以齊終
秦伯罃卒〇夏五月戊午齊人弑其君商人
商人弑君之賊齊人不以爲賊而君之君而弑
焉斯弑君矣春秋之義正名定罪名其爲賊而
殺之則曰殺賊名其爲君而弑之則亦曰弑君

而已

六月癸酉葬我君文公○秋公子遂叔孫得臣如

齊

前此内臣出使無兩卿並書者今文公薨而兩

卿出兩卿出而子卒姜氏歸宣公立繼以逆女

出聘請會賂田不言其故而故可知矣

冬十月子卒夫人姜氏歸于齊

子子惡也夫人姜氏之子子卒而夫人姜氏歸

不容于魯也書子卒夫人姜氏歸于齊而夫人

姜氏之歸不以罪可見矣子卒而不名比之於

公薨不稱名之例不言處所比之於君弒不地之例而子之不以其道卒又可見矣○彭生以君弒見殺不書於春秋顧命大臣受藐孤之託不能以身閑主汶汶捐軀何關有無哉春秋著仇牧三人之殉君而不錄彭生之徒死致身爲國者持之必有其故

季孫行父如齊

告立嗣君也宣公之篡發於仲遂而成於行父故史墨云魯自東門遂殺嫡立庶魯君於是乎失國政在季氏

莒弑其君庶其

卷一

十三

110765

春秋取義測
第三册

春秋取義測卷之七

膠州法坤宏

宣公

元年春王正月公即位

繼故而言即位例比於桓宣罪同桓而十八年之閒皆書王者法已舉於前矣其於舉正也亦然隱不書正而羣公之編皆書例同此

公子遂如齊逆女

婚於齊以求援焉翬弑隱桓立而逆女使翬遂弑赤宣立而逆女使遂二人皆國賊也桓宣不

以爲賊而亢寵之故書法並同

三月遂以夫人婦姜至自齊

夫人姜氏已歸齊宣夫人何以稱婦姜敬嬴在

也書之見嬖嫡之禍發於内寵並妃

夏季孫行父如齊

納賂以請會

晉放其大夫胥甲父于衛

朝聘會盟周典禮也征伐放殺周典刑也諸侯

共奉一王之法凡國典所施鄰邦文告必皆與

聞焉春秋大書之故韓子曰春秋書王法

公會齊侯于平州

定公位也書法如桓公鄭伯之會于垂

公子遂如齊六月齊人取濟西田

譏賂也魯人致賂而書齊人取田史氏錄内之文春秋筆之乃以著齊罪

秋邾子來朝○楚子鄭人侵陳遂侵宋

楚求諸侯也伯事興必爭宋鄭今楚已得鄭故遂侵宋後十五年而宋楚平後五十年而合晉楚之成中國諸侯分爲南北之從自侵宋始也特筆之

晉趙盾帥師救陳宋公陳侯衛侯曹伯會晉師于棐林伐鄭

大夫始用諸侯也書趙盾帥師書諸侯會晉師不與大夫用諸侯也譏諸侯之不自為政也三扈之會盟諸侯皆不序而棐林乃序趙盾政出大夫豈一日之故哉

冬晉趙穿帥師侵崇

崇秦與也晉秦相惡伯事之失也特筆之

晉人宋人伐鄭

棐林之會伐鄭無功復伐之按傳於是晉侯侈

趙宣子為政驟諫而不入故不競于楚

二年春王二月壬子宋華元帥師及鄭公子歸生帥師戰于大棘宋師敗績獲宋華元

鄭受楚命也書宋華元帥師鄭公子歸生帥師者其衆敵也書宋師敗績獲宋華元者師既敗績帥又見獲也時晉楚爭伯與國互相侵伐

秦師伐晉○夏晉人宋人衛人陳人侵鄭

報大棘之役比書晉伐鄭侵鄭見鄭未服晉大不競于楚

秋九月乙丑晉趙盾弑其君夷皐

趙盾已去國本無弑君之心至聞君弑而反反又不討賊則不幸而有其迹矣所謂為人臣子而不知春秋之義必陷簒弑之罪是也然則趙盾何以不討賊春秋亂世君臣之大義不明盾自以身在外變由内作疑若無罪迨董史聲其罪以示於朝而盾受之不敢辭孔子修春秋特筆其事然後討賊大義昭垂於天下萬世孟子曰春秋成而亂臣賊子懼蓋謂精義之學不至賢如趙盾不免於受惡故可懼也漢許后之弑霍子孟不知也使知之而克以義自裁雖身受

惡名必有曲諒其心者俾附於趙盾許世子止之例惟其不學無術乃終陷於不可赦之罪故為人臣子不可不知春秋也

冬十月乙亥天王崩

三年春王正月郊牛之口傷改卜牛牛死乃不郊猶三望

郊牛傷死乃不郊郊之變也曰猶三望譏三望也泰山魯望禮所得祀故以三望為譏

葬匡王

四月而葬譏速不書往葬之人我公親之

楚子伐陸渾之戎

蠻夷相伐不書據傳觀兵于周疆問鼎之大小輕重焉天下之大故也特筆之

夏楚人侵鄭

鄭即晉故也晉前伐鄭鄭及晉平不書二國不務德而兵爭故凡以力取成者不悉書而但書晉楚之侵伐以示譏

秋赤狄侵齊○宋師圍曹

比書宋圍曹圍滕公取向取繹齊伐莱伐莒皆以志晉伯之不競

冬十月丙戌鄭伯蘭卒葬鄭穆公

四年春王正月公及齊侯平莒及郯莒人不肯公伐莒取向

按公羊云其言不肯何辭取向也乃魯人聲罪執言所謂欲加之罪何患無詞者郯與莒有疆埸之怨公為郯不莒而挾齊以為請不足以服莒人之心故莒人不肯書伐莒書取向義自見矣

秦伯稻卒〇夏六月乙酉鄭公子歸生弒其君夷

按左傳鄭人討弒君之亂斲子家之棺而逐其

族歸生首惡在當時已有定論孔子直筆史文以見義

赤狄侵齊○秋公如齊公至自齊○冬楚子伐鄭

楚爭伯也鄭有弑君之罪楚子伐之中國不振旅使强有力者得假義以行其私而蠻夷進矣然則春秋非予楚也乃責晉也

五年春公如齊

頻書内君臣如齊著齊人比逆黨簒之惡魯人背同即異之罪

夏公至自齊○秋九月齊高固来逆子叔姬

公在齊高固使齊侯止公請卅姬至是来逆自
為也
叔孫淂臣卒○冬齊高固及子叔姬来
反馬也大夫非公事與妻出境春秋不以反馬
淂禮而不譏故曰春秋禮義之大宗也
楚人伐鄭
六年春晉趙盾衛孫免侵陳○夏四月○秋八月
螽○冬十月
七年春衛侯使孫良夫来盟
睦我於晉也宣篡立親齊而外晉衛欲合二國

之好故使孫良夫來盟是年冬公與黑壤之會

夏公會齊侯伐萊○秋公至自伐萊○大旱○冬

公會晉侯宋公衛侯鄭伯曹伯于黑壤

盟于黑壤公不與書會不書盟未成好也

八年春公至自會○夏六月公子遂如齊至黃乃

復

有疾也書乃復不書有疾有疾猶不得復也

辛巳有事于大廟仲遂卒于垂壬午猶繹萬入去

籥

有事謂烝嘗仲遂即公子遂不稱公子據季友卒稱公

子閒無異事掌上省文卒稱仲遂恩錄同于季友繹祭之明日也猶者有事未畢之詞遂以辛巳日卒于垂壬午日聞于廟方將萬入而去籥君為大夫變也遂殺嫡立庶于法應誅宣不以為賊而始終之恩禮有加焉春秋因變事卒之乃所以譏宣

戊子夫人嬴氏薨

春秋既書夫人姜氏薨于夷又書夫人風氏薨則知哀姜為莊公夫人而成風乃妾也既書夫人姜氏歸于齊又書夫人嬴氏薨則知出姜為

文公夫人而敬嬴乃妾也讀者比事考之雖微傳而嫡庶之分明矣○仲子惠公之妾母雖天王有命而薨葬不書考宮別祀之知不許不祔未嘗奉為夫人也成風僖公之妾母薨稱夫人葬稱小君天子歸含賵焉成之為夫人矣而秦人歸禭書曰僖公成風雖國人稱之異邦人猶未嘗稱夫人也今敬嬴亦宣公之妾母春秋書夫人姜氏歸于齊書公子遂如齊逆女遂以夫人婦姜至自齊婦者有姑之詞是敬嬴以子貴遂自立為夫人命使求婦稱諸國人稱諸異邦

嗣是而後習爲故常定姒以下無譏焉

晉師白狄伐秦

穀之後姜戎書及制之在我也此則晉狄並書引以爲援也自古借助外兵鮮有不自貽患者春秋書晉師白狄伐秦于前書秦人白狄伐晉于後比觀之可得其義

楚人滅舒蓼○秋七月甲子日有食之既○冬十月己丑葬我小君敬嬴雨不克葬庚寅日中而克葬

仲遂與敬嬴比而殺嫡其卒其薨春秋亦比書

焉辛巳距戊子八日耳遂以如齊卒于垂嬴以霆雨不克葬天道之不爽信夫于宣之葬也亦云春秋兩書雨不克葬皆在宣定之世其旨微矣

城平陽○楚師伐陳

九年春王正月公如齊公至自齊夏仲孫蔑如京師

八年十年書春而此年特書王正譏公之朝正于齊也書春王正月公如齊夏仲孫蔑如京師譏公不朝正于京師也○魯君臣如京師常禮

爾書不勝書故僖以前不一書然魯君臣如京師典禮也又不可不書故僖以後特以事書僖十三年書公子遂以答周公聘也文元年書叔孫得臣以拜錫命也八年書公孫敖以奔王喪不至而復也九年書叔孫得臣以葬襄王也成十三年書公如以自京師遂會伐秦也昭二十二年書叔鞅以葬景王王室亂也此年無事書如義乃以比而見

齊侯伐萊○秋取根牟○八月滕子卒○九月晉侯宋公衛侯鄭伯曹伯會于扈晉荀林父帥師伐

陳
討不睦也扈之會魯陳不至故伐陳諸侯在會
而林父帥伐伯主之不自為政也
辛酉晉侯黑臋卒于扈
以會卒也承會事終言之故以會地書不言卒
于會者時諸侯已散
冬十月癸酉衛侯鄭卒
晉成公何以不葬魯不會也衛成公何以不葬
亦魯不會也衛成為晉致魯使孫良夫來盟黑
壤之會二國之好不終春秋譏之

宋人圍滕○楚子伐鄭晉郄缺帥師救鄭

書晉伐陳救鄭于前書陳鄭盟楚于後譏晉不

能有陳鄭

陳殺其大夫洩冶

許翰曰書殺洩冶張陳亡之本也

十年春公如齊公至自齊齊人歸我濟西田

書歸以著其取之之罪書我以著其賂之之罪

夏四月丙辰日有食之○己巳齊侯元卒齊崔氏

出奔衛

崔氏貴族高國命卿皆世禄也春秋書崔氏國

佐高无咎之奔殺譏當時大夫為政以權相傾軋

公如齊

奔喪也不言其事尊内也

五月公至自齊○癸巳陳夏徵舒弑其君平國○六月宋師伐滕○公孫歸父如齊葬齊惠公○晋人宋人衛人曹人伐鄭○秋天王使王季子来聘

此書宰周公来聘公子遂如京師答宰周公也此書仲孫蔑如京師王季子来聘報仲孫蔑也王朝聘使吏同交邦之常自是王聘不復譏

公孫歸父帥師伐邾取繹○大水○季孫行父如齊○冬公孫歸父如齊

行父如齊聘嗣君也歸父如齊伐邾故也宣公感齊惠援立之德卑屈媚悦以逭篡弑之討十年之間身徃者五臣徃者七伐萊伐莒無役不供賂田請女無欲不遂春秋備書之志時無王伯諸侯黨惡肆虐乃如是

齊侯使國佐来聘○饑○楚子伐鄭

子良曰晉楚不務德而兵爭與其来者可也乃即楚

十有一年春王正月○夏楚子陳侯鄭伯盟于辰陵

楚遂伯也列序諸侯而首楚子楚主盟也

公孫歸父會齊人伐莒○秋晉侯會狄于欑函

書楚子盟陳鄭于辰陵志楚主諸侯也書晉侯會狄于欑函志晉不在中國也狄謂羣狄

冬十月楚人殺陳夏徵舒

稱楚人討賊之詞天下之惡一也義不限於內外

丁亥楚子入陳納公孫寧儀行父于陳

殺其賊義也入其國惡也殺夏徵舒書楚人以討賊之義予楚人也入納書楚子以入與納之惡罪楚子也納者不宜納也書曰納公孫寧儀行父于陳二臣之惡亦俱見

十有二年春葬陳靈公

此陳改葬先君而魯往會也春秋筆之以爲臣子復讎之心於是乎可以釋矣公羊傳曰書葬君子詞也

楚子圍鄭○夏六月乙卯晉荀林父帥師及楚子戰于邲晉師敗績

林父之師以救鄭也不書救非救也時鄭已從楚書戰書敗罪晉也

秋七月〇冬十有二月戊寅楚子滅蕭

志楚之暴

晉人宋人衛人曹人同盟于清丘

特書同以同為義也時楚主會盟中諸侯皆有貳心故為是盟以同之同盟之詞曰卹病討貳

宋師伐陳衛人救陳

宋伐陳討貳也衛救陳恤病也春秋兩書之聖心無適莫焉讀者以大義裁之而是非自見

十有三年春齊師伐莒○夏楚子伐宋○秋螽○冬晉殺其大夫先縠

十有四年春衛殺其大夫孔達

譏同盟諸侯之不同德衛殺大夫孔達以說救陳之罪也

夏五月壬申曹伯壽卒○晉侯伐鄭

救鄭不書書伐鄭以此爲報復之師也於伯事奚當哉譏不務德而兵爭

秋九月楚子圍宋

書伐書圍書平蠻夷肆行而莫之敢遏天下之

大故也詳錄之

葬曹文公○冬公孫歸父會齊侯于穀

因齊以謀楚也比書歸父會齊侯歸父會楚子

魯君失政自宣公始魯大夫專政自歸父始

十有五年春公孫歸父會楚子于宋

貳于楚也時楚莊新伯中諸侯皆嚮楚舉一魯

而列國可知

夏五月宋人及楚人平

宋及楚平中諸侯盡歸楚矣特筆之

六月癸卯晉師滅赤狄潞氏以潞子嬰兒歸

櫝函所會之羣狄也潞赤狄別種嘗與于伯會故書爵書名進之也書滅書以歸春秋之義乃以罪晉○比書楚子伐鄭入陳圍鄭戰邲滅蕭伐宋圍宋宋及楚平晉主夏盟不在諸侯而有事羣狄是以大不競於楚

秦人伐晉

晉師略狄土秦人伐之晉所以不敢與楚爭懼秦之議其後

王札子殺召伯毛伯

以兩下相殺之詞書則臣下之專殺可知專目

王札子則恃親寵擅殺大臣可知譏王室無政刑亂之所由作

秋螽○仲孫蔑會齊高固于無婁

魯故主齊今又會楚懼齊之我討也會于無婁以敦舊好卒有北鄙之伐盟蜀之恥所謂數會以厚疑也

初稅畝

李廉曰趙子賦稅例三此年稅畝成元年作丘甲哀十二年用田賦也趙子改革例十初獻六羽躋僖公初稅畝作丘甲立武宮作三軍舍中

軍立煬宮從祀先公用田賦也凡變常之事皆書革而上者比于治革而下者比于亂察其所革而興亡兆矣

冬蝝生

螽始生者為蝝秋螽冬蝝生甚災也

饑

宣兩書饑一在大水之後一在螽蝝之後蓄積不備而救荒無策國之無政也

十有六年春王正月晉人滅赤狄甲氏及留吁

羣狄之別種也統言之曰狄分言之則有赤狄

白狄赤狄潞氏赤狄甲氏及留吁之不一書會

書滅罪之之義自見

夏成周宣榭火

宣榭榭名榭之在成周者書宣榭火為王國記

災也其天王入成周之祥乎

秋郯伯姬来歸

婦人謂嫁曰歸出曰来歸伯姬歸郯不書而来

歸則書志其變也

冬大有年

宣公在位十八年天災荐臻特書大有年以見

他年之歎也春秋之義乃以志災

十有七年春王正月庚子許男錫我卒丁未蔡侯申卒夏葬許昭公葬蔡文公

許蔡皆楚與國我會其葬時魯與楚通也

六月癸卯日有食之○己未公會晋侯衛侯曹伯邾子同盟于斷道

謀諸侯之貳也時晋楚爭伯諸侯惟强是與魯初服齊已又會楚令政事晋晋故為斷道之盟以謀之曁晋與魯衛伐齊齊楚與也楚為是侵衛復侵我而蜀之盟斷道之諸侯又皆往與于

是諸侯兩事晉楚晉景之編凡四書同盟皆諸侯貳故也

秋公至自會○冬十有一月壬午公弟叔肸卒

書公弟非大夫也書卒喪以大夫之禮也何以書賢之也是故內女非夫人不卒卒叔姬公弟非大夫不卒卒叔肸皆賢之也傳云宣弑而肸非之終身不食其食

十有八年春晉侯衛世子臧伐齊

齊不與斷道之盟故伐之

公伐杞

宣公薨祿去公室不復有公伐事特書公伐杞
為後公侵鄭公侵齊起文
夏四月〇秋七月邾人戕鄫子于鄫
前書邾人執鄫子用之玆又戕于其國天下無
道諸侯自相讎殺春秋於其甚者録之以明戒
甲戌楚子旅卒
楚自辰陵而後莊主夏盟與中諸侯交政通於
告赴故書名書卒春秋備録之稱楚子從史文
也
公孫歸父如晉〇冬十月壬戌公薨于路寢〇歸

父還自晉至笙遂奔齊

人臣有去國之道凡無罪而去者春秋不書蔡季季子不書奔書還自晉無罪之詞也書遂奔有罪之詞也歸父雖無罪原其所以見逐則亦非出於无妄之災矣宣公薨季文子言於朝曰使我殺嫡立庶者仲也乃逐東門氏春秋奔歸父于公薨之後旨微矣哉〇歸父奔自是政在季氏

春秋衆義測卷之八

膠州法坤宏

成公

元年春王正月公即位○二月辛酉葬我君宣公○無冰○三月作丘甲○夏臧孫許及晉侯盟于赤棘

魯睦于晉也

王師敗績于茅戎

王者之師有征無戰非戎所能敗也史以自敗為文春秋特筆之然則桓王伐鄭曷為不言敗

曰此言敗而不言伐以敗爲義彼言伐而不言敗以伐爲義其旨同也

冬十月

二年春齊侯伐我北鄙○夏四月丙戌衛孫良夫帥師及齊師戰于新築衛師敗績

魯絶齊而與晉盟故齊伐我衛孫良夫救我而與之戰書及主我也

六月癸酉季孫行父臧孫許叔孫僑如公孫嬰齊帥師會晉郤克衛孫良夫曹公子首及齊師戰于鞌齊師敗績

内臣列序自文宣以後始大夫張也是故列書
尹子單子會伐鄭同盟柯陵等王官于列侯矣
列書季孫行父臧孫許叔孫僑如公孫嬰齊帥
師戰鞌等大夫于國君矣曹公子首通名亦主
我也
秋七月齊侯使國佐如師己酉及國佐盟于袁婁
統言如師我之四大夫在焉書及國佐盟亦主
我也按傳晉人許盟之詞曰羣臣帥賦輿以為
魯衛請
八月壬午宋公鮑卒○庚寅衛侯速卒○取汶陽

田

借晋力取之

冬楚師鄭師侵衛〇十有一月公會楚公子嬰齊于蜀丙申公及楚人秦人宋人陳人衛人鄭人齊人曹人邾人薛人鄫人盟于蜀

匱盟也畏晋而竊與楚盟也會蜀盟蜀兩書者時嬰齊在蜀晋楚與國各以其大夫來會而公及之即會地爲盟地故曰匱盟孔子以此爲南北交從之肇端特筆之

三年春王正月公會晋侯宋公衛侯曹伯伐鄭

討其侵衛也

辛亥葬衛穆公〇二月公至自伐鄭〇甲子新宮災三日哭

新宮新作親古字通用宣宮也不稱宣宮者四親有迭毀之禮宮無定名故也新宮災三日哭禮也因變而志典禮春秋通義也宣弒赤而奪之位死有佚罰焉主甫入廟而遇災君子於是乎知有天道

乙亥葬宋文公

七月而葬君子譏其僭

夏公如晉○鄭公子去疾帥師伐許○公至自晉

○秋叔孫僑如帥師圍棘

取汶陽之田棘不服故圍之凡内言圍皆叛邑

大雩○晉郤克衛孫良夫伐廧咎如

赤狄之餘種

冬十有一月晉侯使荀庚来聘衛侯使孫良夫来聘丙午及荀庚盟丁未及孫良夫盟

公至自晉而荀庚繼来朝聘始通也丙午丁未連二日兩書盟尊伯也再書及重盟也不書公不以大夫敵公侯尊内也

鄭伐許

四年春宋公使華元來聘○三月壬申鄭伯堅卒○杞伯來朝○夏四月甲寅臧孫許卒○公如晉○葬鄭襄公○秋公至自晉

公如晉晉侯見公不敬至自晉欲求成于楚季文子曰晉雖無道未可叛也國大臣睦而邇于我諸侯聽焉楚非吾族其肯字我乎聖人不得已而予伯本以睦諸侯安中國晉靈不君政在大夫繼體者不能有諸侯亦德不競於楚故爾晉景嗣立齊鄭歸順魯衛協睦乃不務同德而

惟事二三卒以不敬失之觀傳載季文子之言知春秋所以責晉伯之義

冬城鄆

鄆讙龜陰三邑皆汶陽田也魯得汶陽故城鄆

鄭伯伐許

去歲書鄭伐許今年書鄭伯伐許余光以爲史文有詳略凡此皆據舊史書之無所取義

五年春王正月杞叔姬来歸○仲孫蔑如宋○夏叔孫僑如會晉荀首于穀

左傳晉荀首如齊逆女宣伯餫諸穀非諸侯之

事春秋錄之見政逮于下

梁山崩

晉地也不繫晉者爲天下記異

秋大水○冬十有一月己酉天王崩○十有二月己丑公會晉侯齊侯宋公衛侯鄭伯曹伯邾子杞伯同盟于蟲牢

齊鄭服也杞伯始與同盟序邾子下

六年春王正月公至自會○二月辛巳立武宮

春秋於羣公之宮皆不書立而獨書此年立武宮定元年立煬宮立者不宜立也武宮煬宮已

毀而復立書立以示譏桓宮僖宮宜毀而不毀

書災以示誡

取鄟

郜鄑國名防鄆闞邑名此見於經文之可知者

鄟郜之或國或邑此見於經文之未可知者而

春秋皆書取故傳例云內滅國曰取

衛孫良夫帥師侵宋○夏六月邾子來朝○公孫

嬰齊如晉○壬申鄭伯費卒○秋仲孫蔑叔孫僑

如帥師侵宋

傳云晉命也雖晉有命而魯實興師故主魯而

書衛良夫侵宋傳亦云會晉

楚公子嬰齊帥師伐鄭○冬季孫行父如晉

按傳賀遷也經凡書遷皆逼於强暴不得已而

遷者故晉遷新田不書

晉欒書帥師救鄭

頻書救鄭鄭服于晉也

七年春王正月鼷鼠食郊牛角改卜牛鼷鼠又食

其角乃免牛

志牲變也稱牛未卜日也改卜牛又食其角災

也春秋之義乃以災書

吴伐郯

吴寖强也郯我姻春秋特書之志其爲患中國

夏五月曹伯来朝〇不郊猶三望

特書不郊譏不郊也因災而不郊不郊而猶望

皆以非禮書

秋楚公子嬰齊帥師伐鄭公會晉侯齊侯宋公衛侯曹伯莒子邾子杞伯救鄭八月戊辰同盟于馬陵

頻書同盟譏貳也同盟斷道而諸侯有于蜀之役同盟蟲牢而魯衛有侵宋之舉今同盟馬陵

諸侯皆至矣乃無故而納衛之叛臣奪魯之侵地宜乎屢盟而卒貳也

公至自會○吳入州来

此晉通吳制楚之始據傳晉使行人狐庸通吳教之叛楚吳之通於上國晉人為之也晉通吳以罷楚楚罷而吳患亦起春秋備志之

冬大雩○衛孫林父出奔晉

此年林父奔晉十四年自晉歸于衛書自晉晉有奉焉

八年春晉侯使韓穿来言汶陽之田歸之于齊

命我歸之也曰来言歸之于齊者史婉詞

晉欒書帥師侵蔡

齊鄭陳蔡皆附楚景已得齊鄭故侵蔡

公孫嬰齊如莒

案傳聲伯如莒逆也不書逆者春秋之義以私聘爲譏義詳僖五年公孫兹如牟

宋公使華元来聘夏宋公使公孫壽来納幣

聘共姬也外納幣不書特書宋公使賢伯姬故著其始終以見義

晉殺其大夫趙同趙括○秋七月天子使召伯来

錫公命

成公即位八年錫命始至諸侯不請于天子也自是而後章服不是以寵諸侯錫命之文遂不見于經

冬十月癸卯杞叔姬卒

鄭伯姬杞叔姬皆見出而来歸獨杞叔姬書卒者以杞伯逆喪歸故

晉侯使士燮来聘叔孫僑如會晉士燮齊人邾人伐郯

士燮来聘言伐郯也吳伐郯不能救又以其事

吴而伐之此季文子所謂無弔者也夫春秋筆之譏伯國之無政

衛人来媵

九年春王正月杞伯来逆叔姬之喪以歸

出之而逆其喪事之變也世衰道微人倫之變無所不有然則禮經無出妻逆喪之文春秋録出妻逆喪之事示人當即事裁義窮極其變乃所以存名教之防

公會晉侯齊侯宋公衛侯鄭伯曹伯莒子杞伯同盟于蒲

諸侯貳故也尋馬陵之盟季文子曰德則不競尋盟何爲四書同盟而諸侯終貳有由然矣

公至自會〇二月伯姬歸于宋

自始事至成禮凡七見著其賢也於此見魯女之嫁史必備書聖人於其不足示教者皆削之耳

夏季孫行父如宋致女

孔穎達曰桓二年齊侯使其弟年來聘傳曰致夫人也仲年行父俱是致女而彼言聘者在魯而出則曰致女在他國而來則但言聘内外異

文也

晉人来媵○秋七月丙子齊侯無野卒○晉人執

鄭伯晉欒書帥師伐鄭

鄭復貳也

冬十有一月葬齊頃公○楚公子嬰齊帥師伐莒

庚申莒潰楚人入鄆

書伐書潰書入志蠻夷横肆而莫之禁無伯之

害也鄆故我邑並志之

秦人白狄伐晉○鄭人圍許○城中城

十年春衛侯之弟黑背帥師侵鄭○夏四月五卜

郊不從乃不郊

書五卜譏黷也夏四月不時也郊時極于三月

五月公會晉侯齊侯宋公衛侯曹伯伐鄭

歸鄭伯也不書歸何晉不務德而兵爭伐人之國執人之君書同盟書執書伐而不書歸義有專責矣

齊人來媵○丙午晉侯獳卒○秋七月公如晉○

冬十月

十有一年春王三月公至自晉

案傳晉景公卒公如晉晉人止公使送葬公請

卷八

受盟而後使歸書公如公至而不書葬雖葬而

禮不在猶不葬爾

晉侯使郤犨來聘己丑及郤犨盟

要盟也譏晉之無禮于公也

夏季孫行父如晉○秋叔孫僑如如齊

修前好也

冬十月

十有二年春周公出奔晉

自周無出書出自其封邑出也公之自絶於周也

夏公會晉侯衛侯于瑣澤

謀貳也晉景之末三書同盟魯衛皆與而衛又有林父奔晉之嫌魯又有如晉見止之辱厲公欲合諸侯而疑於魯衛故為瑣澤之會

秋晉人敗狄于交剛

凡敗師必書志殘民也雖敗戎狄亦書羣狄既滅此乃其遺種

冬十月

十有三年春晉侯使郤錡來乞師

晉厲求諸侯也

三月公如京師

公如京師朝王也朝王常禮不書自京師遂會諸侯伐秦則不可不書如京師也

夏五月公自京師遂會晉侯齊侯宋公衛侯鄭伯曹伯邾人滕人伐秦

公會伯主伐秦道過周書曰自京師遂會諸侯伐秦壹若京師主爲此會者春秋之義乃以存周

曹伯廬卒于師○秋七月公至自伐秦

以伐秦告至也書曰公至自伐秦明不爲朝王

而出此春秋正名責實之教

冬葬曹宣公

十有四年春王正月莒子朱卒

葬必舉謚而莒君無謚謚以公配而吴楚稱王所以終春秋莒與吴楚俱不書葬

夏衛孫林父自晉歸于衛○秋叔孫僑如如齊逆女○鄭公子喜帥師伐許○九月僑如以夫人婦姜氏至自齊

夫人婦姜氏從君有母之稱也僑如不氏一役而再有事卒名也

冬十月庚寅衞侯臧卒○秦伯卒

自秦伯稻卒後卒葬再見春秋者四君皆不書名時秦晉交惡告赴不通于同盟故卒之如滕侯宿男之例

十有五年春王二月葬衞定公○三月乙巳仲嬰齊卒

嬰齊歸父之弟公子遂之子魯人逐歸父立嬰齊爲其父後稱仲嬰齊者以仲遂之字爲氏也禮以王父字爲氏嬰齊以子後父而氏仲春秋譏之○王克撥曰逐臣得罪以出而爲之立後

所後者遂臣之祖所謂其宗猶存君不埽其宗廟是也豈後遂臣本身爲罪人立廟乎臧武仲以防求爲後於魯求守先祀不爲本身嬰齊後歸父非情理所安公羊之説誤也

癸丑公會晉侯衛侯鄭伯曹伯宋世子成齊國佐邾人同盟于戚晉侯執曹伯歸于京師

特書執以執爲義義莫大于方伯爲天子執有罪苟執之而不應其法執者與有罪矣書執于前書歸于後比觀之其義自見

公至自會○夏六月宋公固卒○楚子伐鄭○秋

八月庚辰葬宋共公宋華元出奔晉宋華元自晉歸于宋宋殺其大夫山宋魚石出奔楚

經文連書五事俱繫之宋則非一時事史蓋與他事並叙孔子削去繁文特取宋事屬比之以明君死國亂臣下爭權借外援以除内患皆罪也

冬十有一月叔孫僑如會晉士燮齊高無咎宋華元衛孫林父鄭公子鰌邾人會吴于鍾離

始通吴也兩書會會而又會也外吴也晉士燮等書名自相爲會也時大夫得爲政

許遷于葉

鄭故也

十有六年春王正月雨木冰

記異也

夏四月辛未滕子卒○鄭公子喜帥師侵宋

鄭叛晉從楚故為楚侵宋

六月丙寅朔日有食之○晉侯使欒黶來乞師甲

午晦晉侯及楚子鄭伯戰于鄢陵楚子鄭師敗績

楚殺其大夫公子側

敗績書楚子君傷也君師並舉書其重者據傳

卷八

吕錡射楚子中目

秋公會晉侯齊侯衛侯宋華元邾人于沙隨不見

公

戰勝而驕也鄢之會諸侯皆見而陳侯逃首止

之盟諸侯皆與而鄭伯逃罪逃者也會于沙隨

不見公同盟于平丘公不與我往會盟而彼不

使見不使與罪不使見不使與者也

公至自會

公羊子云公不見大夫執何以致會不恥也謂

義不足恥也以伯不見公為辱乎春秋未嘗禁

伯也以公必與盟爲是乎春秋不非不盟也

公會尹子晉侯齊國佐邾人伐鄭

尹子王官也不稱王人非王國事也不言尹子會伐與單伯異者從伯主之文告○凡會伐稱王臣皆假天子之威以服人王非能出師也會盟稱王臣皆稱天子之命以齊言王非有要質也

曹伯歸自京師

京師歸之也負芻殺大子而自立天子方伯不誅之于及時許其立而列于會執之歸之奚義

乎曰孰不宜孰也曰歸不宜歸也春秋之法端本澄源書孰書歸而不去其爵乃不治而治之義曹人曰若有罪則君列于會矣言有合于春秋○諸侯將見子臧于王而立之子臧逃曹伯歸乃歸子臧有讓爵之高其歸也春秋何以無書據蔡季歸書孔子以全一身之節廢討賊之大義其節不足錄也沒其文正所以昭其義

九月晉人執季孫行父舍之于苕丘○冬十月乙亥叔孫僑如出奔齊

國出之也按傳出叔孫僑如而盟之

十有二月乙丑季孫行父及晉郤犨盟于扈

僑如奔齊釋行父而盟之于扈公至自會而刺公子偃比事以觀而晉之聽讒以棄魯公之逞忿以殺親義各見矣

公至自會

大夫執則致行父不致者公待行父偕歸舉公為重

乙酉刺公子偃

偃僑如之黨也

十有七年春衛北宮括帥師侵鄭〇夏公會尹子

單子晋侯齊侯宋公衛侯曹伯邾人伐鄭六月乙酉同盟于柯陵

王臣同外侯盟也新城之同同大夫柯陵之同同王官皆禮之變○内臣啣命總羣侯職事有專無同倫並使之禮見于經如單伯周公于鄄于葵丘言會不言盟王人于洮于翟泉言盟不言同尹子單子皆王官並列于會不殊諸侯而同盟當由王政不綱世卿交通外藩各行其私春秋筆之為王室亂尹單立両王張本

秋公至自會○齊高無咎出奔莒○九月辛丑用

郊

郊以祈穀必于夏之仲春周九月夏之七月也九月用郊嫚神黷祀甚矣特書用郊用者不宜用也

晉侯使荀罃來乞師○冬公會單子晉侯宋公衛侯曹伯齊人邾人伐鄭○十有一月公至自伐鄭○壬申公孫嬰齊卒于貍脤

蘇轍曰嬰齊從于伐鄭還而道卒大夫卒不地其地在外也○十有一月無壬申嬰齊之卒當在十月至是始聞于朝故附于此月之後公羊

子所謂以君命卒大夫也

十有二月丁巳朔日有食之○邾子貜且卒○晉殺其大夫郤錡郤犨郤至

晉厲即位以来迭乞諸侯之師屢挟王官之重伐秦敗楚執曹伯舍行父三伐鄭而行無禮于會君茲又一朝殺三卿君驕臣寵而以無道行之適以殺其軀而已矣

楚人滅舒庸

十有八年春王正月晉殺其大夫胥童○庚申晉弑其君州蒲

胥童以君弑見殺經書殺不書及與孔父三人

異者童道君為亂故不以死君之義予之

齊殺其大夫國佐

高國齊之守臣也死咎奔國佐殺崔慶所由亂

齊

公如晋

朝嗣君也是謂晋悼公

夏楚子鄭伯伐宋宋魚石復入于彭城

書伐書入伐以入之也奨亂臣以抗不𠬝陵我

諸夏禍變亟矣

公至自晋晋侯使士匄来聘○秋杞伯来朝八月邾子来朝

晋悼初立修禮于諸侯公至自晋而杞邾相継来朝盖欲附魯以從晋

築鹿囿○己丑公薨于路寢○冬楚人鄭人侵宋○晋侯使士魴来乞師

春秋之法以重事書以始事書用師莫亟于悼厲經於晋厲之乞師詳録之凡以明重也於晋悼之編僅一見自戚楚之謀興三分四軍迭用諸侯之兵乞師之禮始不復見春秋特筆之

十有二月仲孫蔑會晉侯宋公衛侯邾子齊崔杼同盟于虗朾

謀救宋也宋人辭諸侯而請師以圍彭城時襄公初立仲孫蔑為政頻書盟虗朾圍彭城次鄫兩會戚皆大夫政逮大夫也崔杼同盟志其歸也

丁未葬我君成公

春秋取義測卷之九

膠州法坤宏

襄公

元年春王正月公即位○仲孫蔑會晉欒黶宋華元衛甯殖曹人莒人邾人滕人薛人圍宋彭城

楚已取彭城封魚石猶以彭城繫之宋者明為宋討也書圍宋彭城與內討叛邑書圍同例滕薛宋屬國從宋大夫圍彭城列邾人下

夏晉韓厥帥師伐鄭

晉悼復伯也勤宋伐鄭合諸侯以制楚春秋詳

書之

仲孫蔑會齊崔杼曹人邾人杞人次于鄫

次于鄫以待晉師不言帥師者大夫聽命于晉

秋楚公子壬夫帥師侵宋

侵宋以救鄭也書其侵不書其救筆削之義可見

九月辛酉天王崩〇邾子来朝〇冬衛侯使公孫剽来聘晉侯使荀罃來聘

頻書来聘此伯事所以克修

二年春王正月葬簡王

不書往葬之人據文九年𦗟孫得臣葬襄王公童子侯不以不親往為譏

鄭師伐宋○夏五月庚寅夫人姜氏薨○六月庚辰鄭伯睔卒○晉師宋師衛甯殖侵鄭○秋七月仲孫蔑會晉荀罃宋華元衛孫林父曹人邾人于戚

請城虎牢以偪鄭吾大夫孟獻子之謀也

己丑葬我小君齊姜○叔孫豹如宋○冬仲孫蔑會晉荀罃齊崔杼宋華元衛孫林父曹人邾人滕人薛人小邾人于戚遂城虎牢

卷八

從吾大夫獻子請也非爲鄭城故不言鄭

楚殺其大夫公子申

三年春楚公子嬰齊帥師伐吴

吴通上國故其見伐志于春秋

公如晉○夏四月壬戌公及晉侯盟于長樗

盟書地志伯主之有禮于是孟獻子相

公至自晉○六月公會單子晉侯宋公衛侯鄭伯

莒子邾子齊世子光己未同盟于雞澤

晉悼復伯修王事請命于王爲此會書同盟單

子預于盟也○春秋之初諸侯無敢盟王臣者

諸侯而盟王臣則王道之微也五伯之盛大夫無敢盟諸侯者大夫而盟諸侯則伯事之失也諸侯盟王臣始於齊桓之會洮然猶尊王命也柯陵而後王臣儕于列爵矣大夫盟諸侯始於士穀之會垂隴然猶奉伯令也新城以還大夫等于邦君矣備録之

陳侯使袁僑如會戊寅叔孫豹及諸侯之大夫及陳袁僑盟

函書及大夫預政始事也陳自辰陵即楚今慕義而来本非名會故言如諸侯既盟袁僑乃至

故使大夫與盟春秋特筆之

秋公至自會○冬晉荀罃帥師伐許

四年春王三月己酉陳侯午卒○夏叔孫豹如晉

○秋七月戊子夫人姒氏薨

襄公之母也

葬陳成公○八月辛亥葬我小君定姒○冬公如

晉○陳人圍頓

五年春公至自晉○夏鄭伯使公子發來聘

鄭閒于兩大交聘曽不及魯晉悼之興與中諸

侯通謀敝楚聘使之來蓋因我以改事晉特筆

之為後髡頑如會赴本

叔孫豹鄫世子巫如晉

巫與吾大夫俱也不言及同于內臣鄫屬國

仲孫蔑衛孫林父會吳于善道

通吳以制楚修伯事也

秋大雩○楚殺其大夫公子壬夫

陳服晉故也

公會晉侯宋公陳侯衛侯鄭伯曹伯莒子邾子滕子薛伯齊世子光吳人鄫人于戚

列吳于會也鄫屬于魯故列吳人下

公至自會○冬戍陳

伯令也諸侯皆役離至不可得而序故獨言我戍戍陳以防楚之争戍鄭虎牢以脅鄭之叛古之服人者未聞以兵守之也春秋特筆之見伯功之不足尚

楚公子貞帥師伐陳公會晉侯宋公衛侯鄭伯曹伯齊世子光救陳

戍陳救陳所以恤陳者末矣然春秋每書之示勤恤諸侯之義

十有二月公至自救陳○辛未季孫行父卒

六年春王三月壬午杞伯姑容卒

杞微國史每略之蟲牢以還杞桓三與同盟嗣後卒葬乃見春秋傳曰始赴以名同盟故也

夏宋華弱来奔○秋葬杞桓公○滕子来朝○莒人滅鄫

莒女有為鄫夫人者取他姓之子為後將以奪嫡鄫魯屬故穆叔覿鄫太子巫于晉以定之厥後莒人卒立其出魯史書曰莒人滅鄫同於國亡君死曰滅之例孔子以異姓莅祭祀得滅亡之道特取其義以立教公穀去聖未遠說非無

據令從之

冬叔孫豹如鄫○季孫宿如晉○十有二月齊侯

滅萊

滅國大惡以晉悼之伯齊敢爲之于此見伯德

之無以畏遠而强有力者惟其所行也

七年春郯子來朝○夏四月三卜郊不從乃免牲

譏不時也孟獻子曰吾乃今而後知有卜筮夫

郊祀后稷以祈農事也是故啓蟄而郊郊而後

耕今既耕而卜郊宜其不從也魯郊禘賜自前

王夫有所受之春秋因災變正典禮事異文殊

義各有取不徒譏郊禘也

小邾子来朝○城費

費季氏私邑書於册者役公徒以城之也書城

費圍費隳費書城成郛公圍成比事以觀知大

夫之强由人君不謹於禮所致

秋季孫宿如衛○八月螽○冬十月衛侯使孫林

父来聘壬戌及孫林父盟

比書鄭来聘衛来聘盟内臣如宋如邾如衛隣

睦交通皆所以修伯事伯事修王事頓矣

楚公子貞帥師圍陳○十有二月公會晉侯宋公

陳侯衛侯曹伯莒子邾子于鄬○鄭伯髡頑如會未見諸侯丙戌卒于鄵

取髡頑之名加乎如會之上明以如會卒也卒之變也據傳子駟使賊弑僖公以瘧赴諸侯未見諸侯而曰如會志在如會也春秋筆之致其志也

陳侯逃歸

鄭伯未見諸侯而書如會陳侯不與會而書逃予是會也然則春秋實予伯乎曰伯者以力服人而義不足以相勝鄬之會鄭伯弑而陳侯逃卒之弑不能問逃不能復其有以異於吴楚之

爭諸侯者幾何春秋予五伯之功未嘗不誅其
罪微文大義正當於此審取
八年春王正月公如晉○夏葬鄭僖公○鄭人侵
蔡獲蔡公子燮○季孫宿會晉侯鄭伯齊人宋人
衛人邾人于邢丘
案傳會于邢丘以命朝聘之數使諸侯之大夫
聽命鄭伯獻捷于會故親聽命於是公在晉而
宿與會特筆之見季孫之專
公至自晉○莒人伐我東鄙○秋九月大雩○冬
楚公子貞帥師伐鄭○晉侯使士匄來聘

告将用師于鄭此三分四軍敝楚始事

九年春宋災

春秋於内災異必書所以敬天戒重民命也外災則成周宣榭火書尊王國也亳社災書存殷鑒也宋陳災書録帝王之後也宋衛陳鄭四國同日災書為天下記異也

夏季孫宿如晉〇五月辛酉夫人姜氏薨〇秋八月癸未葬我小君穆姜〇冬公會晉侯宋公衛侯曹伯莒子邾子滕子薛伯杞伯小邾子齊世子光伐鄭十有二月己亥同盟于戲

晉三分四軍迭用諸侯之鋭故滕薛皆與同盟

楚子伐鄭

按傳鄭及楚平經不書鄭介居二大之閒大國

不加德音而亂以要之鄭有辭矣中分之後鄭

再叛晉而再即楚春秋但書三伐鄭而已

十年春公會晉侯宋公衛侯曹伯莒子邾子滕子

薛伯杞伯小邾子齊世子光會吴于柤〇夏五月

甲午遂滅偪陽

偪陽楚屬也不言孰滅之蒙上會事按傳書曰

遂滅偪陽言自會也自會我在會也春秋主我

此與滅項書法略同淮之會僖公佐伯主東略而滅項正東略中所有事其書曰滅項亦言自會也

公至自會○楚公子貞鄭公孫輒帥師伐宋○晉師伐秦

秦附楚故也晉通吴以制楚楚援秦以敵晉春秋於敝楚之役並錄會吴伐秦始末所以著伯事之任力與王者修德服遠之風邈殊

秋莒人伐我東鄙○公會晉侯宋公曹伯莒子邾子齊世子光滕子薛伯杞伯小邾子伐鄭○冬盜

殺鄭公子騑公子發公孫輒

杜預曰非國討當兩稱名氏殺者非卿數稱盜

以盜爲文故不得言其大夫

戍鄭虎牢楚公子貞帥師救鄭

書楚救鄭於戍鄭之下以著㪉楚之本謀非善楚之

能救也書法與楚人救衛同○前書城虎牢諸

侯爲晉城非爲鄭城也此書戍鄭虎牢諸侯爲

鄭戍非爲虎牢戍也皆從伯主文告

公至自伐鄭

十有一年春王正月作三軍

三家始分魯也○先是邢丘之會晉命諸侯大夫聽朝聘之數均其賦役晉三分四軍故魯亦緣此作三軍

夏四月四卜郊不從乃不郊○鄭公孫舍之帥師侵宋○公會晉侯宋公衛侯曹伯齊世子光莒子邾子滕子薛伯杞伯小邾子伐鄭

頻書伐鄭書同盟皆以著敝楚本謀故傳曰三駕而楚不能與爭

秋七月己未同盟于亳城北公至自伐鄭○楚子鄭伯伐宋公會晉侯宋公衛侯曹伯齊世子光莒

邾子滕子薛伯杞伯小邾子伐鄭會于蕭魚

會于蕭魚鄭服也再書會鄭伯與于會也不書盟義不繫乎盟也諸侯同盟本以敝楚楚敝而鄭服乃有是會美是會也比觀晉悼之編自始伯迄於是年勤宋邲陳挫秦通吳服鄭而敝楚十六年中凡合諸侯者十一合大夫者八偏師獨出及與國受命侵伐者不與焉殫天下財賦僅能小定究之鄭服楚敝諸侯疲於奔命晉亦厭兵政逮于大夫從分南北而吳越進矣美之實以惡之所謂美惡不嫌同詞也

公至自會

至自會蕭魚之會也諸侯本謀主於不戰敝楚服鄭功成蕭魚故以會致

楚人執鄭行人良霄

鄭人告絶於楚書執鄭行人良霄鄭服于晉也

冬秦人伐晋

十有二年春王三月莒人伐我東鄙圍台

范甯曰伐國重圍邑輕舉重可以包輕書圍台

蓋為下事起

季孫宿帥師救台遂入鄆

穀梁遂繼事也受命而救台不受命而入鄆惡
季孫宿也大夫專也
夏晉侯使士魴來聘○秋九月吳子乘卒
吳通上國故其卒志於春秋
冬楚公子貞帥師侵宋○公如晉
十有三年春公至自晉○夏取邿○秋九月庚辰
楚子審卒○冬城防
十有四年春王正月季孫宿叔老會晉士匄齊人
宋人衛人鄭公孫蠆曹人莒人邾人滕人薛人杞
人小邾人會吳于向

卷八

為吳謀楚也疲中國以事蠻夷書之著通吳之害

二月乙未朔日有食之○夏四月叔孫豹會晉荀偃齊人宋人衛北宮括鄭公孫蠆曹人莒人邾人滕人薛人杞人小邾人伐秦

始也晉借秦以却楚終也秦助楚以害晉兩國之禍厲階于滕楚釁兆于圍鄭怨結于敗殽禍稔于三戰大舉于九國之伐而終于此役中間七十餘年兵連釁結春秋詳錄之

己未衛侯出奔齊○莒人侵我東鄙○秋楚公子

貞師師伐吳〇冬季孫宿會晉士匄宋華閱衛孫林父鄭公孫蠆莒人邾人于戚

謀定衛也衛侯出奔而林父會于戚昭公在乾侯而季孫會適歷比觀之其義自見〇蕭魚而後于向伐秦于戚三會皆大夫大夫聽命也

十有五年春宋公使向戌來聘二月己亥及向戌盟于劉

盟于劉書法同長樗時大夫交政向戌宋之良也與吾大夫孟獻子善故相見有加禮

劉夏逆王后于齊

我主之也王后王姬或書逆不書歸此年或書歸不書逆莊十一年或逆歸卒並書莊元年二年各因事變而書有詳略劉夏書名非卿也按傳逆王后于齊卿不行非禮也此特以譏非禮書爾

夏齊侯伐我北鄙圍成〇公救成至遇季孫宿叔孫豹帥師城成郛

至遇而圍已解不成救也何以書為城成郛書也成孟氏之邑公救之季孫叔孫城之此政在三家之驗

秋八月丁巳日有食之〇邾人伐我南鄙

莒人侵我東鄙楚侵宋伐吳衛出君齊伐我北鄙邾伐我南鄙同盟之亂亡如是譏伯德之不能及遠

冬十有一月癸亥晉侯周卒

十有六年春王正月葬晉悼公〇三月公會晉侯宋公衛侯鄭伯曹伯莒子邾子薛伯杞伯小邾子于溴梁戊寅大夫盟

君在而大夫盟無君也大夫即在會諸侯之大夫不繫諸侯者據三年雞澤言諸侯之大夫閒無異事史氏省文也因史文而錄之以譏大夫之無君修春

秋之文也

晉人執莒子邾子以歸

特書以歸罪專執也

齊侯伐我北鄙○夏公至自會○五月甲子地震

○叔老會鄭伯晉荀偃衛甯殖宋人伐許

譏大夫會伐也先書鄭伯臣不可過君也宋稱

人序衛甯殖下非命卿

秋齊侯伐我北鄙圍成○大雩○冬叔孫豹如晉

按傳穆叔如晉聘且言齊故齊故國事也經不

書舉聘事爲重

十有七年春王二月庚午邾子牼卒
不言邾子歸以執見義
宋人伐陳○夏衛石買帥師伐曹○秋齊侯伐我北鄙圍桃齊高厚帥師伐我北鄙圍防
兩書伐圍著齊君臣同惡
九月大雩○宋華臣出奔陳○冬邾人伐我南鄙
十有八年春白狄来
家鉉翁曰春秋之義會戎盟戎則有譏介葛盧来白狄来之類則無絶也
夏晉人執衛行人石買

曾故也書行人乃因其使而執之

秋齊師伐我北鄙○冬十月公會晉侯宋公衛侯鄭伯曹伯莒子邾子滕子薛伯杞伯小邾子同圍齊

書同圍同我圍之也是役乃魯請之他會皆我同人而此則人同我故史特異其文

曹伯負芻卒于師○楚公子午帥師伐鄭

十有九年春王正月諸侯盟于祝柯○晉人執邾子

左傳盟于督揚曰大毋侵小執邾悼公

公至自伐齊○取邾田自漷水

以漷水為竟取濟西田不言自濟西吾故田也

此言取邾田自漷水明自漷水皆取邾田也

季孫宿如晉○葬曹成公○夏衛孫林父帥師伐

齊

齊未服也自會邢丘後內外大夫有事無不稱

帥師者大夫為政也

秋七月辛卯齊侯瑗卒晉士匄帥師侵齊至穀聞

齊侯卒乃還

左傳聞喪而還禮也臣尸君善大夫專也

八月丙辰仲孫蔑卒○齊殺其大夫高厚
崔杼殺之也春秋頻書齊殺高厚鄭殺公子嘉
欒盈奔楚臧紇奔邾皆大夫之亂也
鄭殺其大夫公子嘉○冬葬齊靈公○城西郛○
叔孫豹會晉士匄于柯○城武城
左傳齊及晉平故穆叔會范宣子于柯穆叔歸
曰齊猶未也不可以不懼乃城武城
二十年春王正月辛亥仲孫速會莒人盟于向○
夏六月庚申公會晉侯齊侯宋公衛侯鄭伯曹伯
莒子邾子滕子薛伯杞伯小邾子盟于澶淵

齊成故也執邾子取漷田繼之以勢也聞喪還
盟澶淵繼之以義也皆伯者以力假仁之效
秋公至自會○仲孫速帥師伐邾○蔡殺其大夫
公子燮蔡公子履出奔楚○陳侯之弟黃出奔楚
蔡履以避禍出陳黃以無罪出春秋之書不為
異詞者國君之親無去國之義故懼禍及而去
與非其罪而去例以奔書
叔老如齊○冬十月丙辰朔日有食之○季孫宿
如宋
二十有一年春王正月公如晉○邾庶其以漆閭

丘来奔

襄公在晋而庶其以漆閭丘来昭公在晋而牟夷以牟婁防兹来公在乾侯而黑肱以濫来魯之受之皆非君命春秋著之見政在大夫之效

夏公至自晋○秋晋欒盈出奔楚

欒盈之逐咎由范宣而春秋書奔者非以道去國也

九月庚戌朔日有食之○冬十月庚辰朔日有食之○曹伯来朝○公會晋侯齊侯宋公衛侯鄭伯曹伯莒子邾子于商任

不書事非事也錮欒盈也
二十有二年春王正月公至自會○夏四月○秋
七月辛酉叔老卒○冬公會晉侯齊侯宋公衛侯
鄭伯曹伯莒子邾子薛伯杞伯小邾子于沙隨
復錮欒盈也時大夫為政以權相傾而君弗禁
故徃徃亂作君臣之義人之大倫大夫奔而必
極之于其所徃春秋以此為倫常之變特著之
公至自會○楚殺其大夫公子追舒
二十有三年春王二月癸酉朔日有食之○三月
己巳杞伯匄卒○夏邾畀我來奔○葬杞孝公○

陳殺其大夫慶虎及慶寅陳侯之弟黄自楚歸于陳○晉欒盈復入于晉入于曲沃

國命下移内患外侮並作晉伯所以不復振

秋齊侯伐衛遂伐晉

書遂伐晉志晉失伯也

八月叔孫豹帥師救晉次于雍榆

次于雍榆不及事也不及事而猶書重救晉也

書救晉天下益多故矣

己卯仲孫速卒○冬十月乙亥臧孫紇出奔邾

季孫逐之也將盟臧氏名外史掌惡臣而問盟

首焉對曰盟東門氏也曰毋或如東門遂不聽公命殺適立庶盟叔孫氏也曰毋或如叔孫僑如欲廢國常蕩覆公室乃盟臧氏曰毋或如臧孫紇干國之紀犯門斬關據此凡出奔之人國必有書鄰必有告所以見志于春秋

晉人殺欒盈

書晉人殺欒盈如衛人殺州吁之例不書于曲沃者蒙上文不言其大夫者位已絕也

齊侯襲莒

二十有四年春叔孫豹如晉○仲孫羯帥師侵齊

○夏楚子伐吴○秋七月甲子朔日有食之既

五年之間日食六次又加既焉春秋書天變未有如此之甚者也不三十年而王室大亂繼以句吴爭盟田常簒齊六卿分晉西狩獲麟而春秋終矣

齊崔杼帥師伐莒

書齊崔杼帥師伐專國也

大水○八月癸巳朔日有食之

歷術無連月日食之法春秋有連月日食之文二十一年九月十月此年七月八月非常之變人爲弗及防也世

之玩天戒而以為不是畏者宜知所省

公會晉侯宋公衛侯鄭伯曹伯莒子邾子滕子薛伯杞伯小邾子于夷儀

書會不書事無事也欲伐齊而不能也

冬楚子蔡侯陳侯許男伐鄭○公至自會○陳鍼宜咎出奔楚

宜咎事不見于傳前書陳殺其大夫慶虎慶寅則宜咎之奔亦以亂故

叔孫豹如京師

歸時事也内君臣如京師非有事義不書詳宣九年

仲孫蔑如京師歸時事常禮爾何以書譏魯君臣之不復如京師也是故書公子遂如京師以志魯君臣失禮之始書叔孫豹如京師以志魯君臣失禮之終迨至叔鞅如京師葬景王王室亂而如京師之文不見於經

大饑

汪克寬曰春秋書大有年大饑各一大有年者異天道之反常大饑者著人事之不能處變也書大旱者二大水者八水旱非大不書

二十有五年春齊崔杼帥師伐我北鄙〇夏五月

乙亥齊崔杼弒其君光

莊公之弒賈舉以下死者凡數人而春秋不書傳于晏嬰之論著明之崔杼弒君專國春秋淂書其罪觀太史南史氏事可徵其義

公會晉侯宋公衛侯鄭伯曹伯莒子邾子滕子薛伯杞伯小邾子于夷儀

夷儀兩會皆將以伐齊也不書伐無伐事也自後晉政多門君不復有諸侯之事春秋之義亦不以伯事責之

六月壬子鄭公孫舍之帥師入陳

秋八月己巳諸侯同盟于重丘

同有同也盟詞所載有同要約之事焉如尊周外楚討罪睦鄰之類令比其事觀之齊弑君而不能討鄭入陳而不能問諸侯同役而不同心然則所同者何事乎稱諸侯同盟黜晉伯之義也

公至自會○衛侯入于夷儀

衛侯衎出奔齊入于夷儀中間衛侯會盟不絶書剽與衎若無分别者及衛弑君剽衛侯衎復歸于衛比事以觀乃知出奔入夷儀之衛侯則衎也出奔以後入夷儀以前中間頻書之衛侯

則剽也書名之義在於別二君兮内外非襃貶之所存

楚屈建帥師滅舒鳩

舒蓼舒庸舒鳩所謂羣舒也猶白狄赤狄之類國雖小而必紀其亡存先王封建之迹著楚人滅國之罪

冬鄭公孫夏帥師伐陳

鄭假王命以致辟晉不能詰於此見伯事之失而强於令政者之足以有為大書鄭公孫舍之帥師入陳公孫夏帥師伐陳無伯之詞也

十有二月吳子遏伐楚門于巢卒

名吳子遏於伐楚門巢之上見以門巢卒也書法與鄭伯髡頑如會同例

二十有六年春王二月辛卯衛甯喜弒其君剽

剽非君也殖立之喜君之則君矣君而弒之罪也君臣之分一定而不可復易聖人所以正天下之經

衛孫林父入于戚以叛

自國入其私邑大夫強也據土背君曰叛

甲午衛侯衎復歸于衛

鄭突衛衎皆奔君也突書入櫟不書復歸鄭不與其歸也國非所固有也衎書入夷儀書復歸衛與其歸也國其所固有也與其歸亦書入何國有君矣入于夷儀以求復弑剽而奪之國是爭也爭者義之所不得春秋之法不以亂易亂故書入之文與鄭突一施之

夏晉侯使荀吴來聘

左傳為孫氏故召諸侯以討衛

公會晉人鄭良霄宋人曹人于澶淵

會于澶淵伐衛也不書伐不予其伐也傳云疆

臧田取懿氏六十以與孫氏

秋宋公殺其世子痤○晉人執衛甯喜

特書執執不以其罪也爲孫氏執也

八月壬午許男甯卒于楚

朝于楚而卒也楚志爾何以書比觀楚伐鄭會

宋盟宋公如楚罷來聘朝聘會盟征伐之事盡

在楚矣楚之伯晉之失伯也春秋所以書也

冬楚子蔡侯陳侯伐鄭○葬許靈公

二十有七年春齊侯使慶封來聘

齊魯搆兵久矣齊景即位修好于鄰封故慶封

来聘時崔慶淂政當國

夏叔孫豹會晉趙武楚屈建蔡公孫歸生衛石惡陳孔奐鄭良霄許人曹人于宋

合晉楚之成也時列國政在大夫厭于為役宋向戌善於趙武屈建首倡此會自是以後南北之從交相見伯權分天下之大變也宋大夫不名為會主故

衛殺其大夫甯喜衛侯之弟鱄出奔晉

殺稱大夫殺不以其罪也鱄病失言棄兄而逃春秋黜小信中大義故書奔以罪之

秋七月辛巳豹及諸侯之大夫盟于宋

而書于宋地于宋也書諸侯之大夫大夫為政也是會也宋向戌成之

冬十有二月乙亥朔日有食之

二十有八年春無冰

方苞春秋直解云桓十四年正月無冰寒遲也丑月尚有冰也成元年二月無冰燠早也子月已有冰也此年春無冰通一時而常燠尤為異之大

夏衛石惡出奔晉○邾子來朝○秋八月大雩○

仲孫羯如晉○冬齊慶封来奔

前書慶封来聘此書慶封來奔修好而受其國賊義之所不得

十有一月公如楚

為宋之盟故公及宋公陳侯鄭伯許男如楚經不書他國者據魯史以立文

十有二月甲寅天王崩○乙未楚子昭卒

此閏月之乙未不書閏者義無所繫也文六年書閏月以不告月哀五年書閏月以葬齊景公皆非於閏有譏

二十有九年春王正月公在楚

公在外也成十年秋七月如晉十一年春王三月至自晉不書春王正月公在晉者内晉也襄二十八年冬十一月如楚二十九年夏五月至自楚特書春王正月公在楚者外楚也書法如公在乾侯之例同于失國

夏五月公至自楚○庚午衛侯衎卒○閽弑吴子餘祭

閽門者寺人之類不稱名姓閽不得齊于人不稱其君閽不得君其君也春秋書之見禍生于

所忽

仲孫羯會晉荀盈齊高止宋華定衛世叔儀鄭公孫段曹人莒人滕人薛人小邾人城杞

非諸侯之事晉平公杞出也故為城杞此年之會以城杞三十年澶淵之會以宋災故自是晉遂失伯平丘而後不復能會諸侯

晉侯使士鞅來聘

拜城杞也

杞子來盟

按傳書曰子賤之杞三稱子卒来朝来盟皆從史文

吴子使札来聘

吴通上國楚分伯權交邦之使無分内外矣故札之聘志於春秋

秋七月葬衛獻公○齊高止出奔北燕

春秋有二燕桓十二年公會燕人盟于穀丘是南燕故此稱北燕以別之穀梁其曰北燕從史文也

冬仲孫羯如晉

三十年春王正月楚子使薳罷来聘

自盟宋而後楚事之見於春秋者一切皆同中

國備書之

夏四月蔡世子般弑其君固○五月甲午宋災宋伯姬卒

取卒之日加之災上見以災卒也

天王殺其弟佞夫王子瑕奔晉

春秋無天王殺大夫之文而特書殺其弟佞夫君無忍親之義也子瑕佞夫之黨書奔誅黨亂也然則佞夫以作亂誅耳斥言殺其弟譏殺弟也

秋七月叔弓如宋葬宋共姬

紀叔姬以亡國守貞宋共姬以火災著節春秋
特錄之以示教義
鄭良霄出奔許自許入于鄭鄭人殺良霄
書法同欒盈
冬十月葬蔡景公
春秋之法君弒賊不討不書葬所以責臣子蔡
景之葬何以書窮於責也繼之者其子奉之者
其臣鄰國又不以爲賊而會其葬史氏據告而
書春秋因而筆之則取義別有在矣蓋君卒書
葬而弒君不書葬義在責一國之臣子弒君不

書葬而蔡景特書葬義在責天下之臣子也曰
春秋君弑賊不討而書葬者蔡景許悼二君皆
世子之獄也許止蔡般弑同而先儒於止有聽
之赦之之說何居曰止過也般故也過容可矜
或須聽故在不疑無可赦止弑而服罪自責亟
其名曰弑即同已討故許悼之書葬君子之赦
止也般弑而立其位列於會盟是賊未討則蔡
景之書葬乃君子之聽般也
晉人齊人宋人衛人鄭人曹人莒人邾人滕人薛
人杞人小邾人會于澶淵宋災故

魯大夫不書吾為會主也同會于宋不書宋大夫之例宋災吾伯姬卒焉請於諸侯而為是會其故所以得書于魯史然則會于澶淵宋災故史文也因史文特筆之以明伯事之失孔子修春秋之文也

三十有一年春王正月○夏六月辛巳公薨于楚宮○秋九月癸巳子野卒

書法同子般

己亥仲孫羯卒○冬十月滕子來會葬

非禮也葬者臣子之事考於經雖伯主未有君

會葬者於是書滕子來會葬是春秋之季也會
葬猶可奔喪甚矣
癸酉葬我君襄公〇十有一月莒人弑其君密州

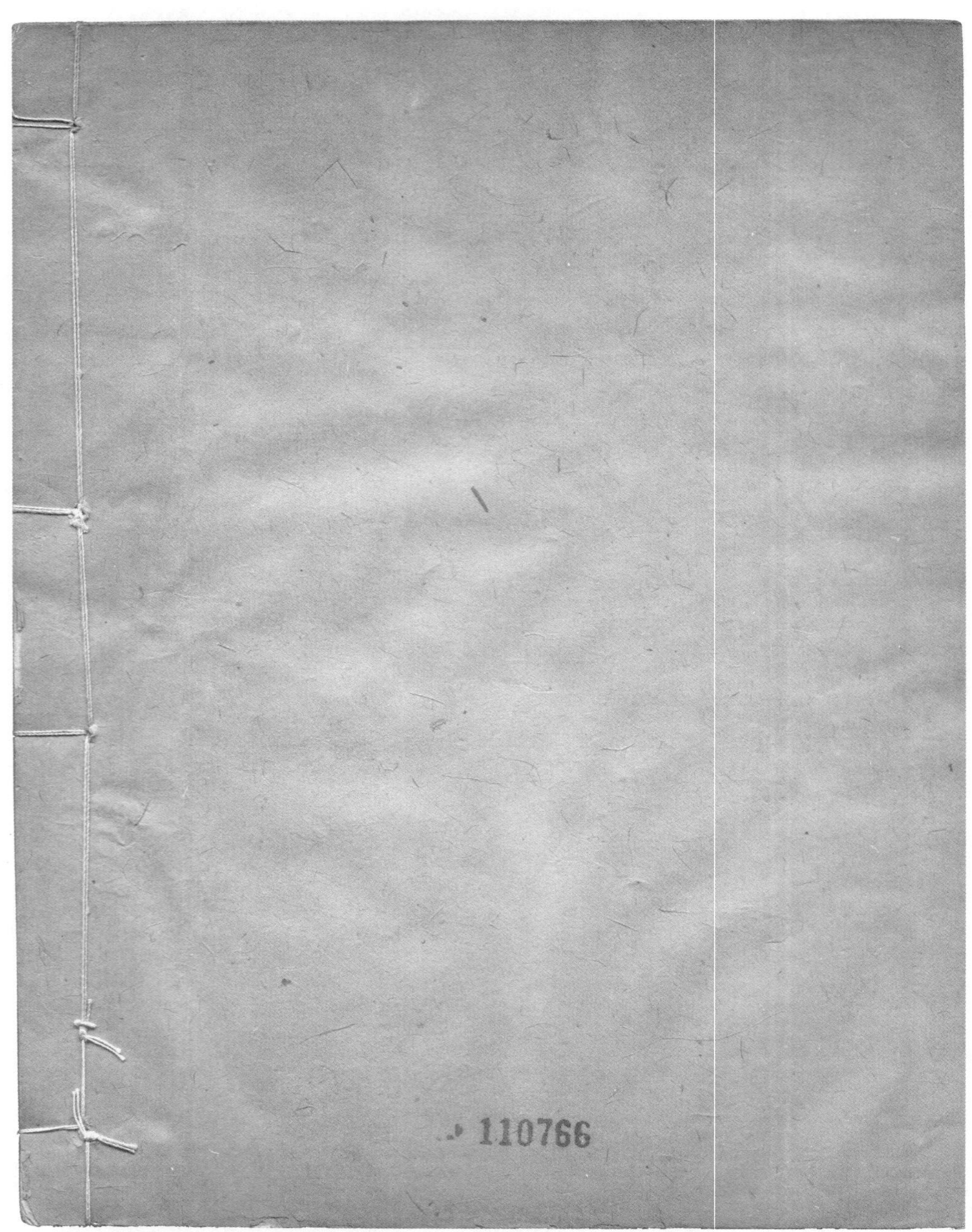
110766

春秋取義測 第四册

春秋取義測卷之十

滕州法坤宏

昭公

元年春王正月公即位○叔孫豹會晉趙武楚公子圍齊國弱宋向戌衛齊惡陳公子招蔡公孫歸生鄭罕虎許人曹人于虢

宋鄬之盟楚再先晉而春秋不以楚先者仍史文之舊史臣文例不以外加内

三月取鄆

鄆故我邑乘莒亂取之書如取濟西田之例

卷十

夏秦伯之弟鍼出奔晉○六月丁巳邾子華卒○

晉荀吳帥師敗狄于大鹵

羣狄之在無終者是後狄不復見滅于晉也

秋莒去疾自齊入于莒莒展輿出奔吳

莒人弒君立展輿既又納去疾而逐展輿乃庶

孽爭國如齊小白鄭突之類展輿不書爵不能

君也

叔弓帥師疆鄆田

師師疆田爭也春秋嚴義利之辨荀有爭焉利

也故雖疆田亦書汪克寬曰春秋書假田者一

譏予之之非義也書疆田者一譏取之之非義

也

葬邾悼公○冬十有一月己酉楚子麇卒楚公子

比出奔晉

書比出奔于麇卒之下因亂而奔也楚虔之弒

其君也

二年春晉侯使韓起來聘○夏叔弓如晉○秋鄭

殺其大夫公孫黑○冬公如晉至河乃復季孫宿

如晉

志公不得于伯國為後孫而不返起文

三年春王正月丁未滕子原卒

左傳同盟故書名薛伯穀書名同此例

夏叔弓如滕五月葬滕成公○秋小邾子来朝○八月大雩○冬大雨雹○北燕伯款出奔齊

四年春王正月大雨雹○夏楚子蔡侯陳侯鄭伯許男徐子滕子頓子胡子沈子小邾子宋世子佐淮夷會于申

楚執伯權也不殊淮夷者據柤向二會殊吴同于其類乃春秋之特筆

楚人執徐子○秋七月楚子蔡侯陳侯許男頓子

胡子沈子淮夷伐吳○執齊慶封殺之

爲齊討也不曰殺齊慶封而曰執齊慶封殺之者不以討賊之詞予楚也慶封不爲靈王服也

遂滅賴

會申執徐子伐吳殺慶封滅賴詳書楚事志蠻夷憑陵之禍

九月取鄫

鄫滅矣復見鄫者莒亂其宗而使爲己屬國故在也內滅國曰取

冬十有二月乙卯叔孫豹卒

五年春王正月舍中軍

季孫專魯也特書舍中軍民莫在公政逮于三家也左傳卑公室也淂書法之旨

楚殺其大夫屈申○公如晉○夏莒牟夷以牟婁及防茲來奔○秋七月公至自晉○戊辰叔弓帥師敗莒師于蚡泉○秦伯卒○冬楚子蔡侯陳侯許男頓子沈子徐人越人伐吴

自盟宋以後至于乾谿多書楚事而晉事之見于經者希矣晉之不競啟寇納侮楚不義而強適以自斃均堪爲後戒也

六年春王正月杞伯益姑卒○葬秦景公○夏季
孫宿如晉○葬杞文公○宋華合比出奔衛○秋
九月大雩○楚薳罷帥師伐吳○冬叔弓如楚
時諸侯兩事晉楚夏季孫宿如晉冬叔弓如楚
即魯事可槩見
齊侯伐北燕
納燕伯款也不書納非納也以納款爲名也書
伐而已矣
七年春王正月暨齊平
齊侯前使慶封來聘未幾我受其國賊好不終

至是始暨齊平也九年仲孫貜如齊自是繼好息民終昭公之世時齊景有繼伯之志故亟求諸侯而親魯春秋之義盖善之

三月公如楚〇叔孫舍如齊莅盟〇夏四月甲辰朔日有食之〇秋八月戊辰衛侯惡卒

衛侯惡與其臣齊惡同名衛齊惡見昭元年于𧦝春秋不譏穀梁曰重其所以来王父名子也

九月公至自楚〇冬十有一月癸未季孫宿卒〇

十有二月癸亥葬衛襄公

八年春陳侯之弟招殺陳世子偃師

經書殺世子凡三（晉獻宋平陳招）申生與痤皆目君惟偃師之殺目招明殺之不出於君也罪招也陳侯之弟招即陳公子招弟以親言公子以位言義繫乎親稱弟義繫乎位稱公子

夏四月辛丑陳侯溺卒

書溺卒于殺偃師之下以亂卒也

叔弓如晉〇楚人執陳行人干徵師殺之陳公子留出奔鄭

書曰楚人執陳行人干徵師殺之罪不在行人也陳公子留出奔鄭預聞乎故也偃師曰世子

畱曰公子別嫡庶著亂之所由起

秋蒐于紅

蒐國事不言大何據比蒲昌閒皆言大公不得為政也意如舍中軍因田事簡軍實傳云大蒐于紅革車千乘經書蒐不書大明出季氏之私

陳人殺其大夫公子過

亂黨相殺也據傳公子招歸罪於過而殺之首惡者招而曰陳人分惡於陳人也過亦亂黨不言殺過而言殺大夫春秋之法不以亂易亂

大雩○冬十月壬午楚師滅陳執陳公子招放之

于越殺陳孔奐

滅人之國而宥殺世子之賊直書其事而罪自見招稱公子謂據位當國殺孔奐不書大夫以賊討也黨亂之臣宜得誅罪

葬陳哀公

國已滅矣而書葬之文無異詞據葬紀伯姬稱齊侯乃陳人葬之據傳輿嬖袁克殺馬毀玉以葬而逃當顛沛之際而臣子之禮不廢春秋特著之以示教義

九年春叔弓會楚子于陳

時楚子在陳史故以會陳立文春秋筆之見不與楚滅陳之義

許遷于夷

許自成十五年遷于葉至此又遷凡四遷而卒滅于鄭春秋詳錄之以見許危弱不能自守亦終於必亡而已矣

夏四月陳災

先王經理天下諸侯守國大夫保家庶民以下各安井授國有常尊民有定志所以興教化美風俗也春秋之亂王迹熄矣孔子修春秋以存

王迹故於滅國必重而書諸侯奔復必重而書
觀其所書而義著矣陳已為楚滅而春秋書葬
陳哀公叔弓會楚子于陳陳災公羊以為存陳
晁合經旨
秋仲孫貜如齊○冬築郎囿
囿者有垣之苑桓四年狩于郎莊十三年築臺
于郎今復築郎囿勤民以為游觀比書之以示
譏
十年春王正月○夏齊欒施來奔○秋七月季孫
意如叔弓仲孫貜帥師伐莒

三家專魯也伐國無同倫共帥之法列序之如國君大夫張也

戊子晉侯彪卒九月叔孫舍如晉葬晉平公〇十有二月甲子宋公成卒

十有一年春王二月叔弓如宋葬宋平公〇夏四月丁巳楚子虔誘蔡侯般殺之于申

楚虔蔡般皆弑君之賊春秋並斥之等諸兩賊相殺如公子棄疾殺公子比之例書誘殺惡誘殺也

楚公子棄疾帥師圍蔡〇五月甲申夫人歸氏薨

○大蒐于比蒲

特書大國事也君有大喪國不廢蒐譏非禮也

仲孫貜會邾子盟于祲祥○秋季孫意如會晉韓

起齊國弱宋華亥衛北宮佗鄭罕虎曹人杞人于

厥慭

會于厥慭謀救蔡也不言救不成救也書法如

兩夷儀之不言伐春秋之義不以伯事責晉

九月己亥葬我小君齊歸○冬十有一月丁酉楚

師滅蔡執蔡世子有以歸用之

殺般言誘誘殺非法也執有稱世子世子非有

罪也前書楚子虔誘殺蔡侯般明不予楚以殺
賊此書楚師滅蔡執蔡世子有以歸用之明不
予楚以討罪

十有二年春齊高偃師師納北燕伯于陽

書于陽明未入于國也燕有君矣北燕伯不名
前已見于奔

三月壬申鄭伯嘉卒○夏宋公使華定來聘○公
如晉至河乃復○五月葬鄭簡公○楚殺其大夫
成熊○秋七月○冬十月公子慭出奔齊

公子慭謀弱私門張公室春秋書奔以罪之准

以王臣之義乃不以撥亂之權歸諸侯

楚子伐徐○晉伐鮮虞

伐鮮虞非諸侯之事文告不及魯史略之故稱晉伐所謂傳聞異辭也春秋備志之明不以伯事責晉

十有三年春叔弓帥師圍費

家臣強也書圍費費叛也不書叛內邑也大書圍治叛也為後墮三都起文

夏四月楚公子比自晉歸于楚弒其君虔于乾谿

書弒其君于公子比歸之後歸惡于比也國亂

君弒比利其位而有之春秋正名定罪示後世臣子遇君父大難知權而守之以正無身名俱喪自陷於不義也然則為比者宜如何公羊子曰比之義宜乎效死不立

楚公子棄疾殺公子比

比已君矣殺稱公子者不成之為君也比乃賊也不曰楚人殺比而曰公子棄疾殺公子比者不予棄疾以討賊也黨亂爭奪攘比而代之位棄疾亦賊也兩賊相殺則當國者受惡書曰楚公子棄疾殺公子比而棄疾之罪著矣

秋公會劉子晉侯齊侯宋公衛侯鄭伯曹伯莒子邾子滕子薛伯杞伯小邾子于平丘八月甲戌同盟于平丘公不與盟

平丘之會閒楚難也德音不加而恃力以相尚其與幾何公不與盟史臣内詞所謂婉而成章者春秋特筆之以爲義不足與也黜晉伯也○書同盟止此

晉人執季孫意如以歸公至自會○蔡侯廬歸于蔡陳侯吴歸于陳

楚平即位封陳蔡而復之蔡廬陳吴之歸乃其

入國来告之詞春秋大書之如失國之君之自為歸者明蔡陳先王建國非楚所淂滅亦非楚所淂封也所謂筆削舊史以達王事

冬十月葬蔡靈公

般已身死國滅法無容施葬者臣子之事無以議為也

公如晉至河乃復○吳滅州来

十有四年春意如至自晉○三月曹伯滕卒○夏四月○秋葬曹武公○八月莒子去疾卒○冬莒殺其公子意恢

意恢稱公子義在罪殺君之親

十有五年春王正月吴子夷末卒○二月癸酉有事于武宮籥入叔弓卒去樂卒事

因事記禮之變也變而失禮書以示戒變而合禮書以示法

夏蔡朝吴出奔鄭

朝吴亡國遺孽處危疑之地不能以忠信自持杜讒慝之媒乃惑於無極邪說卒為所構觀胡傅罪吴之義仕於亂邦者宜知所戒

六月丁巳朔日有食之○秋晉荀吴帥師伐鮮虞

類書晉荀吴伐鮮虞滅陸渾見伯主失政臣下
各騖其私
冬公如晉
十有六年春齊侯伐徐
平丘之會晉遂失伯列國復擅相征伐伐徐其
始事矣故叔孫昭子曰諸侯之無伯害哉○李
廉曰此為晉伯既衰齊景公爭伯之始事
楚子誘戎蠻子殺之
蠻夷相殺不志以出於誘殺特著之以甚其惡
夏公至自晉○秋八月己亥晉侯夷卒○九月大

雩○季孫意如如晉○冬十月葬晉昭公

十有七年春小邾子来朝○夏六月甲戌朔日有

食之○秋郯子来朝

春秋之作聖人所以存王迹朝聘之地典章文

物之所司有識者于此徵得失焉見于来魯如

吴札之觀樂韓起之觀書小邾子之賦詩郯子

之論官一時賢人君子識大識小之遺猶有存

者春秋不徒志朝聘也

八月晉荀吴帥師滅陸渾之戎○冬有星孛于大

辰

大辰大火心爲明堂天子之象當宋之分野故宋衛陳鄭同日災氣所溢也厥後王室亂宋亂衛亂君奔陳師敗卿獲彼術家之言非妄矣乃鄭有令政獨無後災傳載子產之言知災變有可轉移之道

楚人及吴戰于長岸

書楚人及吴戰外吴也於是南北兩伯楚比于內矣

十有八年春王三月曹伯須卒○夏五月壬午宋衛陳鄭災○六月邾人入鄅○秋葬曹平公○冬

許遷于白羽

十有九年春宋公伐鄭

特筆也正入鄭之亂春秋錄而進之

夏五月戊辰許世子止弒其君買

正名歸惡譏子道之不盡張洽曰止進藥而藥殺其所以異于商臣蔡般者過與故耳心雖不同而春秋之文一施之以臣子之于君父不可過也

己卯地震○秋齊高發帥師伐莒○冬葬許悼公

據傳許悼公瘧飲太子止之藥卒太子奔晉是

也已服其罪故公羊子有君子赦止之說宣十二年春葬陳靈公公羊傳例曰書葬君子詞也同此旨

二十年春王正月○夏曹公孫會自鄸出奔宋

曹無大夫特書公孫會録會也不得於時君待罪竟上以放去書奔著其罪也書自鄸出不怙其罪也遭廢黜而不失其道視夫專土擅邑與君校命者有間矣春秋之季世多叛大夫特録之以示教

秋盜殺衛侯之兄縶

賊者竊諸盜公孟爲齊豹所殺則卿也其目之爲盜何殺縶者豹而所與比以殺者實宗魯宗魯死琴張將弔之孔子曰齊豹之盜而孟縶之賊汝何弔焉春秋書盜之旨如是

冬十月宋華亥向寧華定出奔陳○十有一月辛卯蔡侯廬卒

二十有一年春王三月葬蔡平公○夏晉侯使士鞅來聘

按傳爭牢禮時晉政多門來者各務厭其私禮好不結而財求無度聘義亡矣自是聘不復譏

宋華亥向寧華定自陳入于宋南里以叛

襄昭以前之大夫有書奔者未有書叛者書叛自孫林父始大夫張也而叛有奉孫以晉華向以陳楚皆亢不衷以獎亂者春秋特筆之晉莒吳會齊衛曹師救宋不書為逸賊也討叛而逸賊是亦與於叛者矣

秋七月壬午朔日有食之○八月乙亥叔輒卒○冬蔡侯朱出奔楚○公如晉至河乃復

二十有二年春齊侯伐莒○宋華亥向寧華定自宋南里出奔楚○大蒐于昌閒○夏四月乙丑天

王崩〇六月叔鞅如京師葬景王王室亂

王室非有告亂之文史承叔鞅言書之然則王室亂始此乎前此矣莊之子頹惠之子帶皆招外寇以作亂者而罪有所歸今景王崩嫡庶不分兩王爭立諸侯環視而莫知誰與亂非自外作也故特書曰王室亂

劉子單子以王猛居于皇

始亂者王子朝則其書劉子單子以王猛何以者不以者也蓋治劉單與猛也亂之本由于嫡庶不分猛非命立之嗣劉單私奉所事以啓王

子朝之争春秋之義端本澄源不以亂易亂
秋劉子單子以王猛入于王城冬十月王子猛卒
稱王猛別于王子之未立者稱子卒未踰年之
君也此史臣通例
十有二月癸酉朔日有食之
二十有三年春王正月叔孫舍如晉〇癸丑叔鞅
卒〇晉人執我行人叔孫舍
書行人叔孫舍以執行人爲義譏伯國之無政
也昭公七如晉而五見拒一不與盟臣而見執
其時六卿擅晉政出多門所以終失諸侯

晋人圍郊

郊王子朝邑據傳明年晋侯使士景伯莅周問故然後辭王子朝不納其使則圍郊時尚未察於是非邪正之辨亦姑出師以塞責徐爲觀望地耳而春秋大書圍郊比之内圍叛邑之例所謂書法也杜氏曰討子朝也非晋人能討之春秋討之也

夏六月蔡侯東國卒于楚○秋七月莒子庚輿来奔○戊辰吳敗頓胡沈蔡陳許之師于雞父胡子髡沈子逞滅獲陳夏齧

志吳禍也敗六國之師君滅大夫獲殘民已甚也○公羊其言滅獲何別君臣也君死于位曰滅生得曰獲大夫生死皆曰獲

天王居于狄泉尹氏立王子朝

是時敬王稱東王朝稱西王春秋大書天王居于狄泉正名也立者不宜立也特書尹氏立王子朝黜子朝也曰敬王亦庶子也春秋何以於敬無譏詞曰王猛既卒敬以序立非爭也春秋臣序立不予爭立故書法如此○凡嗣君即位未踰年稱子踰年稱爵史法也因史稱天王而

天王之修春秋法也

八月乙未地震○冬公如晉至河有疾乃復

稱有疾乃復殺恥也不得如晉也屢書至河乃

復志不禮于大國也所以終辱於乾侯

二十有四年春王二月丙戌仲孫貜卒○叔孫舍

至自晉○夏五月乙未朔日有食之○秋八月大

雩○丁酉杞伯郁釐卒○冬吳滅巢

頻書吳滅州來滅巢著入郢之兆也入郢會黄

池之漸也

葬杞平公

二十有五年春叔孫舍如宋○夏叔詣會晉趙鞅宋樂大心衛北宮喜鄭游吉曹人邾人滕人薛人小邾人于黃父

會于黃父謀王室也舉大夫大夫為政也王室有難求助友邦常禮爾不書子頹之難鄭虢胥命于弭為戎難諸侯戍周汏帶之難晉侯納王圍溫皆不書今則圍郊會黃父會扈城成周悉書之自景王崩天王播越數年諸侯不奔問官守而誘命於其大夫春秋之教屬詞比事傷王室久亂列侯之不勤王也

有鸜鵒來巢

記異也未幾而公有陽州之孫然則吉凶莫不有數焉曰理與數合者也師己之言舉數也樂祁叔向之論徵理也理數合而有其應故春秋不徒志災異也

秋七月上辛大雩季辛又雩

一月再雩黷祀也

九月己亥公孫于齊次于陽州齊侯唁公于野井

唁失國常禮孔子備錄之譏齊晉忘大義而崇虛儀故傳曰其禮與其辭足觀矣

冬十月戊辰叔孫舍卒〇十有一月己亥宋公佐

卒于曲棘

曲棘宋邑諸侯卒于其封内不地此何以地憂内也

十有二月齊侯取鄆

内邑也齊為我取之以居公

二十有六年春王正月葬宋元公

昭公在外而魯與宋晉鄭曹滕薛遣使會葬不廢喪紀乃意如專魯一切假君命行之故曰事君如在國

三月公至自齊居于鄆

鄭伯突失國取櫟以居之衛侯衎失國取夷儀以居之皆書入此不言入而言居者内與外異詞

夏公圍成

借齊師圍之也齊以偏師從春秋大書之等諸内邑叛書圍之例所以討季氏之逐君

秋公會齊侯莒子邾子杞伯盟于鄟陵

謀納公也○陳傅良曰此衆盟也衆盟自桓公以來未之有也于是再見以晉之不復主盟也晉不復主盟而後齊專盟矣

公至自會居于鄆

公在外故也公至自齊自會如齊如乾侯凡五書至必繫以居于鄆者著失國也

九月庚申楚子居卒

楚子居即棄疾書卒義同夷吾

冬十月天王入于成周

書天王入于成周明非王城也襄王書出不書入入不失故地也今兩王爭立分據東西春秋以此為天下之大變特筆之比書天王入于成周城成周志天王不復入王城周轍益東無復

西京之望矣
尹氏名伯毛伯以王子朝奔楚
太子壽即世景王崩正儲未建羣庶爭立卿大夫各助其黨諸侯莫知誰與王子朝奔敬王入諸侯因而定之究其是非邪正當時未有確據也史臣書之孔子筆之然後知是非之所在矣觀於王猛書以王子朝書立知禍亂之原起於爭立矣悼敬書王朝書王子知序立之宜應在悼敬矣凡春秋之所奔皆罪也書王子朝奔楚知爭立之獄蔽罪子朝矣

二十有七年春公如齊公至自齊居于鄆○夏四月吴弑其君僚○楚殺其大夫郤宛○秋晉士鞅宋樂祁犂衛北宫喜曹人邾人滕人會于扈

會于扈令戍周且謀納公也不書納無納事也不書成周事無足書也等諸常事不書之例春秋自平丘而後不復以伯事責晉黄父之謀啓于太叔會扈之請出於宋衛成周之城迫於王命召陵之侵合于劉文皆不以責晉也

冬十月曹伯午卒○邾快來奔○公如齊公至自齊居于鄆

二十有八年春王三月葬曹悼公〇公如晉次于乾侯

家鉉翁曰自公孫于齊次于陽州繼書居于鄆者四在乾侯者五如齊者三如晉者再皆聖人特筆所以存公于魯懸按公孫在外而史臣于歲首輙書公在凡喪葬會盟一切書之如公在國季氏雖專國諸臣各守其職史氏之職未遂遽廢此魯秉周禮之效所以亂而不亡

夏四月丙戌鄭伯寧卒〇六月葬鄭定公〇秋七月癸巳滕子寧卒〇冬葬滕悼公

二十有九年春公至自乾侯居于鄆齊侯使高張来唁公

孫齊之唁唁失國也至自乾侯之唁唁不得于伯也

公如晉次于乾侯○夏四月庚子叔詣卒○秋七月○冬十月鄆潰

鄆潰鄆自潰也公之不能撫其民也宜其終于乾侯

三十年春王正月公在乾侯

鄆潰故也寄在乾侯非其地不得書居史故歲

首每書所在

夏六月庚辰晉侯去疾卒○秋八月葬晉頃公○

冬十有二月吴滅徐徐子章羽奔楚

徐楚屬書滅徐著入郢之漸也

三十有一年春王正月公在乾侯季孫意如會晉

荀躒于適歷

公在乾侯而意如會適歷非諸侯之事何以書

為納公也

夏四月丁巳薛伯穀卒○晉侯使荀躒唁公于乾

侯

薛不納公也春秋書季孫意如會晉荀躒于適

歷晉侯使荀躒唁公于乾侯公薨于乾侯比觀

之而義自見

秋葬薛獻公○冬黑肱以濫來奔

公在乾侯而黑肱書來奔主於國言之濫邾邑

不繫國者公羊以爲通濫存之備異詞

十有二月辛亥朔日有食之

三十有二年春王正月公在乾侯○取闞

孰取之公也鄆闞皆内邑而書取外公也譏公

失國尺地不爲己有

夏吴伐越

晉既失伯中諸侯會盟無主而吴越進矣昭定以後之春秋吴越之春秋也故雖吴伐越亦書

秋七月○冬仲孫何忌會晉韓不信齊高張宋仲幾衛世叔申鄭國參曹人莒人薛人杞人小邾人城成周

定王居也書天王居于狄泉書天王入于成周書城成周重其事備其文也自平丘而後晉無復諸侯之事凡書四大會二十五年黄父二十七年于扈此年城成周定四年召陵皆王事爾伯事襄而復書王事其以豳

風終變風義乎穀梁變丘之説合于春秋

十有二月己未公薨于乾侯

卷十

春秋取義測卷之十一

膠州法坤宏

定公

元年春王三月

元年春不書正月無事也隱莊元年之正月皆無事而書正月以正隱莊之不即位也若定之元年正月昭公之喪未歸定公之位未定無其事史故闕其文也春秋之修因闕文以見義凡先君薨嗣君立殯而即位常禮也春秋於羣公皆不書而定公特書之改元之正月爲人君朝

正之始月大事也春秋於羣公皆書即不行即
位之禮者亦書而定公特不書主人習其讀而
問其傳可以知罪之在

晉人執宋仲幾于京師

王者所居稱京師宋仲幾以城成周執所謂京
師成周也時王城為朝黨所據王入于成周正
其名曰京師乃撥亂返正之義

夏六月癸亥公之喪至自乾侯戊辰公即位

殯而即位也定正月未得即位六月癸亥公之
喪至自乾侯戊辰乃即位特書日以志變禮王

克揆曰殯而即位與正月即位是兩禮此禮亦十二公所同孔子不錄他公而獨錄定公所謂以書不書見義也

秋七月癸巳葬我君昭公○九月大雩○立煬宮

煬公考公之弟弟繼兄立故季氏援以爲與立煬宮季氏志也

冬十月隕霜殺菽

穀梁未可以殺而殺舉重可以殺而不殺舉輕其曰殺菽舉重也

二年春王正月○夏五月壬辰雉門及兩觀災

雉門兩觀魯朝廟制也因災變著錄之

秋楚人伐吴

書楚人伐吴吴與同盟故也吴見伐之有關中國晉人啟之也自晉通吴以制楚而吴楚搆禍見于春秋楚七伐吴吴終入楚遂與晉爭伯主盟黄池春秋備書之

冬十月新作雉門及兩觀

宫廟災未有不新作者新舊不書特書新作譏新作也雉門即僖新作之南門遇變而不知革又重新之仍僭也書作以見不當作也

三年春王正月公如晉至河乃復

晉政多門志不在諸侯故来朝者多以故辭

二月辛卯邾子穿卒○夏四月○秋葬邾莊公○

冬仲孫何忌及邾子盟于拔

四年春王二月癸巳陳侯吳卒○三月公會劉子
晉侯宋公蔡侯衛侯陳子鄭伯許男曹伯莒子邾
子頓子胡子滕子薛伯杞伯小邾子齊國夏于召
陵侵楚

討王子朝也王室之亂朝奔楚故劉子主為此
會大司馬九伐之法曰負固不服則侵之大書

侵以匡王事

夏四月庚辰蔡公孫姓帥師滅沈以沈子嘉歸殺之

侵楚而滅其與國譏遷戮也

五月公及諸侯盟于皐鼬

會召陵之諸侯也稱諸侯前目後凡時蔡楚搆難諸侯爲是盟皐鼬以謀之書公及明非晉主據僖九年諸侯盟于葵丘不書公及

杞伯成卒于會○六月葬陳惠公○許遷于容城○秋七月公至自會○劉卷卒

本劉子會諸侯而終言之以會卒也
葬杞悼公○楚人圍蔡○晉士鞅衛孔圉帥師伐
鮮虞○葬劉文公
王臣之卒葬不志特書葬劉文公錄王事也召
陵之會劉子一呼同時應者十有八國桓文之
合諸侯未有若此之盛者于以見人不忘周而
天下之大可為劉卷卒西周因以不復傷王事
之有關特錄而葬之
冬十有一月庚午蔡侯以吳子及楚人戰于柏舉
楚師敗績楚囊瓦出奔鄭

楚人圍蔡同盟諸侯環視而莫之救蔡乃以吳師敗楚入郢譏中國之不能蠻夷所由進也楚敗而吳張中諸侯悉受其憑陵春秋特筆之

庚辰吳入郢

郢楚之國都敗其師入其都吳寖強也敗楚稱子錄其君也入郢稱吳一役而再有事從其恒稱史略詞

五年春王三月辛亥朔日有食之○夏歸粟于蔡

皋鼬之盟故也盟皋鼬以謀蔡楚人圍蔡不能救相與歸粟焉獨言我歸者明諸侯之自相歸

無伯之詞也
於越入吴
越人来告也吴入郢越入吴晋既失伯楚亦寖
衰南北之從漫無所歸一而吴越進矣春秋所
以書也
六月丙申季孫意如卒
意如之卒無譏詞季孫逐君而定受其位不譏
意如歸其責于定公
秋七月壬子叔孫不敢卒〇冬晋士鞅帥師圍鮮
虞

六年春王正月癸亥鄭游速帥師滅許以許男斯歸

于宋之役許鄭同與會盟大書鄭滅許譏南北皆失伯權中諸侯自相滅亡

二月公侵鄭

陪臣執國命也季氏舍中軍民不在公公不得為政意如卒陽虎專國侵鄭之役假公命以出師不言帥者陪臣微賤名不登于史策

公至自侵鄭○夏季孫斯仲孫何忌如晉

獻鄭俘也斯忌並使命不專季孫也時陪臣執

國命二卿皆為乕所使

秋晉人執宋行人樂祁犂

晉政多門諸侯大夫各有所主祁犂主趙氏故范氏執之李廉曰此為晉三卿內叛之始亦宋叛伯之始

冬城中城〇季孫斯仲孫何忌帥師圍鄆

斯忌並帥政不專季孫也鄆前潰入齊齊人歸鄆陽關陽乕居之以為政鄆不服故二卿帥師圍鄆書法與斯忌如晉正同

七年春王正月〇夏四月〇秋齊侯鄭伯盟于鹹

鄭叛晉也諸侯特相盟天下之無伯也五伯衰七雄出春秋變而爲戰國生民之禍烈矣無伯天下之大故也○陳傅良曰特相盟自齊桓以來未之有也於是再見是故石門志諸侯之合于鹹志諸侯之散

晉人執衛行人北宫結以侵衛齊侯衛侯盟于沙

衛叛晉也

大雩○齊國夏帥師伐我西鄙

鄭故也

九月大雩○冬十月

八年春王正月公侵齊公至自侵齊〇二月公侵齊

報國夏之伐也陽虎擅命出師而兩侵齊皆書公乃史文記事體例春秋特筆之直若歸命于公者此欲赴公山以魯為東周之義

三月公至自侵齊〇曹伯露卒〇夏齊國夏帥師伐我西鄙公會晉師于瓦公至自瓦

于瓦之師救我也公會晉師于瓦公至自瓦亦来救也時三卿並帥羔雁令張齊師言伐而晉師不言救師亙不以救名也此春秋書會晉師

于瓦之義

秋七月戊辰陳侯柳卒○晉士鞅帥師侵鄭遂侵衛

頻書士鞅帥師趙鞅帥師政在大夫也爲下三卿叛起文

葬曹靖公○九月葬陳懷公○季孫斯仲孫何忌帥師侵衛

晉令也時惟魯從晉故爲晉侵衛

冬衛侯鄭伯盟于曲濮

結叛晉也

從祀先公盜竊寶玉大弓

昭公始從祀於廟也意如逐昭公客死于外不得以時歸葬從祀之禮闕如意如卒陽虎專命不順三桓之所為至是從祀先公竊寶玉大弓而有之盜謂陽虎孔子以從祀禮也而盜竊則亂也因盜竊之變常見祀禮之反正特筆之

九年春王正月○夏四月戊申鄭伯蠆卒○得寶玉大弓

寶玉大弓先公分器國之事守也故失之書得之書得謂得之陽虎虎奪季孫而歸于公自虎

言之謂之竊自國言之謂之浔春秋因盜發而著明之錄其浔乃以昭其失公羊子所謂微詞也

六月葬鄭獻公〇秋齊侯衛侯次于五氏

比書次義繫于次也窺晋也志齊景圖伯也

秦伯卒〇冬葬秦哀公

十年春王三月及齊平

齊魯連歲搆兵至是始平書於經者釋怨安民本是善事

夏公會齊侯于夾谷公至自夾谷

書會不書盟無盟事也是會也孔子為相

晉趙鞅帥師圍衛

時衛叛晉與齊合

齊人来歸鄆讙龜陰田

平故也書来歸齊人服義而歸也三田齊取之

我者夾谷之會晏嬰勸齊侯歸田以謝過

叔孫州仇仲孫何忌帥師圍郈

家臣叛也據傳侯犯以郈叛經不書非國事也

不書叛而書圍以為必當有受其罪者此春秋

治陪臣之法

秋叔孫州仇仲孫何忌帥師圍郈

再書圍郈家臣強也

宋樂大心出奔曹宋公子地出奔陳○冬齊侯衛侯鄭游速會于安甫

齊景主會也

叔孫州仇如齊

郈故也郈叔孫私邑叛入于齊齊人致之

宋公之弟辰暨仲佗石彄出奔陳

特書暨罪暨之者也辰以公子地故而自絕于兄又暨仲佗石彄與之偕奔佗彄身為卿佐有

君不事而曁辰出奔皆罪也弟不弟臣不臣直書而義自見

十有一年春宋公之弟辰及仲佗石彄公子地自陳入于蕭以叛

辰叛矣仍書宋公之弟何辰以弟故責望于兄是以弟叛也義繫于弟故重以弟書

夏四月○秋宋樂大心自曹入于蕭

晉齊伯國也魯宗國也宋王者之後也時六卿擅晉田氏竊齊三家專魯宋則連年大臣内亂誅殺奔叛不絕書春秋詳志之示政逮于大夫

之明鑒

冬及鄭平叔還如鄭莅盟

及鄭平始叛晉也陳傅良曰書輸平以志諸侯之合書及鄭平以志諸侯之散此春秋之所以始終也

十有二年春薛伯定卒○夏葬薛襄公○叔孫州仇帥師墮郈

時邑宰叛三卿患之仲由爲季氏宰建議墮都故叔孫首帥師墮郈

衛公孟彄帥師伐曹○季孫斯仲孫何忌帥師墮

費

案公羊孔子行乎季孫三月不違曰家不藏甲邑無百雉之城于是隳郈隳費

秋大雩○冬十月癸亥公會齊侯于黄

齊景主盟也隱六年盟于艾齊魯為盟之始此年盟于黄齊魯為盟之終

十有一月丙寅朔日有食之○公至自黄○十有二月公圍成公至自圍成

書圍不書隳弗隳也書至自圍成成服也○王室亂而劉子有名陵之會家臣叛而孔子有三

都之墮此大有為之兆也兆足以行矣而不行
吾道窮矣春秋所以終于獲麟

十有三年春齊侯衛侯次于垂葭
伐晉河内

夏築蛇淵囿○大蒐于比蒲○衛公孟彄帥師伐
曹○秋晉趙鞅入于晉陽以叛
高閌曰鞅入晉陽以拒范中行而不知投鼠忌
器之義故聖人直名曰叛以著其不由君命專
土興兵之罪

冬晉荀寅士吉射入于朝歌以叛晉趙鞅歸于晉

趙鞅以地正國律以忌器之義罪無所逃故書
叛之文與荀寅士吉射一施之鞅歸不書復與
元晅孫林父異詞者君與其歸也
薛弒其君比
十有四年春衛公叔戍來奔衛趙陽出奔宋
公叔戍將去夫人之黨夫人訴之衛侯逐戍與
其黨家鉉翁曰書三大夫之奔著衛亂所從始
二月辛巳楚公子結陳公孫佗人帥師滅頓以頓
子牂歸○夏衛北宮結來奔○五月於越敗吳于
檇李吳子光卒

經書於越敗吴入吴事甚詳而吴伐越僅一見至棲越于會稽則不書盖吴光以戰卒復讎之師不可以已故特以不書見義

公會齊侯衛侯于牽公至自會

頻書齊景主内外盟會成乎伯也

秋齊侯宋公會于洮○天王使石尚来歸脤

天王歸脤諸侯常禮耳何以書此春秋之終也時王室益以微諸侯益以無王朝聘會盟之事無一可書天子之在者惟祭與號孔子以歸脤分福諸侯乃王者事神治民之大端於終事特

書之自石尚歸脤後王室之志不復見于經

衛世子蒯聵出奔宋

貴戚無去國之義書世子出奔蒯聵叛父之罪著矣

衛公孟彄出奔鄭〇宋公之弟辰自蕭来奔

鄭伯克段不稱弟正名為賊也辰猶稱宋公之弟者宋未嘗絶其屬籍史乃從文告而書春秋筆之著其以弟叛兄之罪

大蒐于比蒲邾子来會公

昭定之世蒐五見于紅不書大譏季孫之私也

于比蒲昌閒四書大不與季孫之私也歸政于公也時中軍已舍公無民何有蒐邾子爲會蒐而來書曰會公存公也亦志而晦之義

城莒父及霄

十有五年春王正月邾子來朝○鼷鼠食郊牛牛死改卜牛○二月辛丑楚子滅胡以胡子豹歸

胡頓皆會于召陵者特志其滅同盟之義也

夏五月辛亥郊

此以非時書

壬申公薨于高寢○鄭罕達帥師伐宋○齊侯衛

侯次于渠蒢

謀救宋也不書救非救也合謀以窺晉也

邾子来奔喪

邾子屈服于魯蒐来會匹来朝喪来奔終于國破身執恭而無禮不能遠恥辱之效春秋詳書之以示誡

秋七月壬申姒氏卒

哀公之母也

八月庚辰朔日有食之〇九月滕子来會葬

時益以無王羣侯交邦之禮悉廢晉齊楚之喪

葬魯君嘗躬往焉今邾滕二君来奔喪會葬春
秋備書之
丁巳葬我君定公雨不克葬戊午日下昃乃克葬
處事有常變未可執一先王治葬先事有卜臨
時有冝禮以制其常義以通其變權乎常變之
冝亦存乎仁人孝子之誠敬何如矣春秋兩書
雨不克葬不期以日時期于克葬因事變示教
義不以緩亟為譏
辛巳葬定姒
哀公立未踰年不及尊奉其母故卒稱姒氏葬

稱定如史文也春秋筆之明僖公成風宣公敬嬴之稱夫人皆非所宜書其匹以見其不匹焉

○王克揆云庶子為君為其母無服並非所錄也哀公雖未及尊崇其母而魯之尊崇所生已成故事故史錄其葬而春秋特筆之以明非禮不以子為君則妾母得卒之葬之如公羊氏母以子貴之說

冬城漆

春秋取義測卷之十二

膠州法坤宏

哀公

元年春王正月公即位〇楚子陳侯隨侯許男圍蔡

鄀柏舉也蔡於是乎請遷于吳〇蔡吳與也此年楚圍蔡陳楚與也六年吳伐陳陳蔡皆先王封國嘗與中夏會盟時無王伯困于蠻夷而莫之卹故其見圍見伐春秋備志之

鼷鼠食郊牛改卜牛夏四月辛巳郊〇秋齊侯衛

侯伐晉

列書齊衛伐晉伯統亡矣○陳傅良曰春秋之初諸侯無王者齊鄭宋魯衛爲之也春秋之季諸侯無伯者亦齊鄭宋魯衛爲之也

冬仲孫何忌帥師伐邾

哀公之編魯君臣伐邾圍邾凡五見而終於入邾以邾子益來宋君臣伐曹圍曹凡三見而終於入曹以曹伯陽歸時無王伯諸侯受兵禍不可勝書書其甚者

二年春王二月季孫斯叔孫州仇仲孫何忌帥師

伐邾取漷東田及沂西田癸巳叔孫州仇仲孫何
忌及邾子盟于句繹
以邾事魯之謹而再伐其國叠取其田既要之
盟後復圍入焉自是内外之盟皆不書以爲不
足書也
夏四月丙子衛侯元卒○滕子來朝○晉趙鞅帥
師納衛世子蒯聵于戚
書納不宜納也蒯聵稱世子明非父之絶其子
乃子之自絶于父春秋書世子蒯聵出奔於靈
公未卒之前而書晉趙鞅納世子蒯聵於靈公

既卒之後罪蒯聵之義自見書于戚明未得入國

秋八月甲戌晉趙鞅帥師及鄭罕達帥師戰于鐵鄭師敗績

列書晉趙鞅帥師及鄭罕達帥師戰亮晉于鄭也時鄭叛晉與衛睦故救衛而與晉戰

冬十月葬衛靈公

蒯聵在戚而靈公書葬衛有君矣衛人廢聵立輒非嗣立之常春秋書衛人立晉何以于輒立無譏詞曰此春秋所以討聵也晉疑于嗣立故

書立若輙者本無立道春秋治其父弗及治其子也

十有一月蔡遷于州来蔡殺其大夫公子駟

蔡服于吴也于是吴方強盛楚圍蔡蔡請遷于吴蔡殺其大夫公子駟遷故也州来吴邑

三年春齊國夏衛石曼姑帥師圍戚

討蒯聵也聵以子叛父春秋大書齊國夏衛石曼姑帥師圍戚如圍宋彭城之例明内外臣民皆義所得討子其討也然則春秋胡弗治輙也曰衛之臣民義得討聵不得立輙討聵公法也

治也立輒私情也亂也春秋之法治治而不治亂書齊衛圍戚而不書衛人立輒乃不治而治之義○春秋無外諸侯自圍其邑之文惟宋圍彭城衛圍戚兩見之一以討亂臣一以討賊子此乃比事之教

夏四月甲午地震○五月辛卯桓宫僖宫災

雉門兩觀災書及延及之也桓宫僖宫不書及同日並災也祖廟親盡則毀三家出于桓立于僖故其宫獨不毀春秋因災變著錄之以示誡

季孫斯叔孫州仇帥師城啟陽○宋樂髡帥師伐

曹○秋七月丙子季孫斯卒○蔡人放其大夫公
孫獵于吳
　亦遷故也駟與獵皆不樂遷吳者殺之放之乃
　以說于吳
冬十月癸卯秦伯卒○叔孫州仇仲孫何忌帥師
圍邾
四年春王二月庚戌盜殺蔡侯申
　蔡人不安于遷故亂作盜即微者辟稱人故云
　盜
蔡公孫辰出奔吳

懼罪而出也

葬秦惠公○宋人執小邾子○夏蔡殺其大夫公孫姓公孫霍

頻書放殺而不去其官明不以其罪

晉人執戎蠻子赤歸于楚

書晉人執戎蠻子赤歸于楚辟伯晉而京師楚也然則春秋亦崇伯乎曰伯即古者方伯之稱春秋之作以存王迹也帝降而王王降而伯五伯雖假之而諸侯猶知有王無伯而會盟征伐之遺風不可復問夫子所爲發歎乎

城西郛〇六月辛丑亳社災
亳社社之在亳者亡國之社存以示殷鑒志其
災書法同成周宣榭火
秋八月甲寅滕子結卒〇冬十有二月葬蔡昭公
蔡制于蠻夷而君臣受其禍無所歸責討賊之
義至是而窮故昭公書葬
葬滕頃公
五年春城毗〇夏齊侯伐宋
伯事也宋人伐曹執小邾子齊侯爲是伐宋所
謂彼善於此者孔子猶録之

晉趙鞅帥師伐衛○秋九月癸酉齊侯杵臼卒○冬叔還如齊閏月葬齊景公

閏月書葬義同宣公之書雨葬以克不克為義不以遲速為譏○王克撰曰喪事不數閏本謂喪服不關葬禮葬事卜日以視遠近非謂閏月不可以葬也

六年春城邾瑕

邾瑕取之邾者魯有負瑕故稱邾瑕以别之如稱魯濟之類從史文也

晉趙鞅帥師伐鮮虞○吳伐陳

吴楚争伯也陈従楚围蔡故吴伐陈十年楚伐
陈吴救之陈𠇇于吴也
夏齊國夏及高張来奔
高國奔陳氏獨擅齊矣荀范叛三卿専據晋矣
故弑君之事以陳乞終侵伐之事以趙鞅終
叔還會吴于柤
吴寖主中國也晋通吴敝楚卒有黄池之爭魯
好吴叛晋卒有萊門之辱不自强而藉外援觧
有不啟戎招侮者比事觀之可得其義
秋七月庚寅楚子軫卒〇齊陽生入于齊齊陳乞

弑其君荼

初景公欲廢長立幼陳乞不從景公卒乞殺荼逆陽生而立之正也正則於荼何以稱弑巳受命矣李廉曰廢立之際大臣當據經守正守死不回然後可不然必陷于大惡里克陳乞事正同

冬仲孫何忌帥師伐邾○宋向巢帥師伐曹

七年春宋皇瑗帥師侵鄭○晉魏曼多帥師侵衛

○公會吴于鄫

比書會吴吴寖主中國也

秋公伐邾八月己酉入邾以邾子益来○宋人圍曹○冬鄭駟[四]弘帥師救曹

書宋伐曹侵鄭圍曹鄭救曹時無王伯中諸侯自相救伐

八年春王正月宋公入曹以曹伯陽歸○吴伐我

吴圖伯故為邾伐我次于泗上取城下之盟而還伐我不言鄙明其直造國都

夏齊人取讙及闡

直書入邾以益来吴伐我齊人取讙闡不為婉詞者隱公入許不言許男弃外伐我皆言鄙齊歸鄆讙龜陰不言取譏亟變也

歸邾子益于邾

畏吴故也

秋七月○冬十有二月癸亥杞伯過卒○齊人歸讙及闡

亦畏吴故也時吴圖伯治諸侯之相侵奪者

九年春王二月葬杞僖公○宋皇瑗帥師取鄭師于雍丘

悉虜而俘之曰取觀左氏所載使有能者無死以二人歸則殺人多矣春秋之末書取師者二謝氏所謂著其禍之大者是也

夏楚人伐陳

陳即吳故也

秋宋公伐鄭○冬十月

十年春王二月邾子益来奔○公會吳伐齊

特書公會吳伐齊魯服于吳也

三月戊戌齊侯陽生卒○夏宋人伐鄭○晉趙鞅帥師伐齊○五月公至自伐齊○葬齊悼公○衛公孟彄自齊歸于衛○薛伯夷卒○秋葬薛惠公○冬楚公子結帥師伐陳吳救陳

書鄭救曹志列國之無伯書吳救陳志中國之

無伯

十有一年春齊國書帥師伐我

古者天子守在四夷天子卑守在諸侯諸侯守在四鄰諸侯卑守在境内春秋大書吳伐我齊伐我戰于艾陵會于黄池譏中國皆亂四夷交侵先王禮樂征伐埽地無餘此匪風下泉微意也

夏陳袁頗出奔鄭○五月公會吳伐齊甲戌齊國書帥師及吳戰于艾陵齊師敗績獲齊國書

晉楚分伯而後南諸侯莫大于陳蔡吳遷蔡伐

陳而楚弗能爭北諸侯莫大于齊魯吳會魯伐齊而晉不敢問吳由是主中夏會黄池然則世運之升降治道之汙隆亦在乎人事爾後之君子知人之克勝乎天則知亂之可反為治矣

秋七月辛酉滕子虞毋卒○冬十有一月葬滕隱公○衛世叔齊出奔宋

春秋書内外大夫奔者凡六十九多在春秋之末其時政在大夫而以無道行之互相傾軋理勢所必然

十有二年春用田賦

初稅畝履畝而稅壞什一之法也殫民財也用
田賦計田加賦亂里廛之征也悉民力也
夏五月甲辰孟子卒
此昭公夫人取于吳謂之吳孟子者不稱夫人
不稱薨葬不以夫人之禮薨之葬之也義詳隱
二年子氏薨
公會吳于橐皋○秋公會衛侯宋皇瑗于鄖○宋
向巢帥師伐鄭○冬十有二月螽
十有三年春鄭罕達帥師取宋師于喦
四國圍戴鄭伯伐取為春秋書取之始雍丘于

嵒宋鄭取師爲春秋書取之終征伐禍變於此
而亟
夏許男成卒○公會晉侯及吳子于黃池
書會書及別內外也列序諸侯而稱吳子吳主
中國也○會盟征伐王事也五伯假之春秋每
有取焉者以爲雖假之諸侯猶知有王桓文沒
伯事衰矣然辰陵于申楚主盟而晉不與于宋
于虢楚大夫主會而晉君猶未與也今句吳繼
伯南北諸侯皆爲所臣服黃池之會晉與我魯
共奉爲盟主王事終而伯事亦終嗣後會盟遂

不復志

楚公子申帥師伐陳

陳終服于吳也

於越入吳

吳既敗楚又主夏盟南北兩伯莫敢與爭焉然吳方入郢而於越入吳矣方會黃池而於越又入吳矣世衰道喪事變愈下而禍變亦愈亟春秋備書之

秋公至自會○晉魏曼多帥師侵衛

春秋之末屢書趙魏帥師侵伐事以明其君不

在諸侯政出臣下此伯權所由壞晉國所由分

葬許元公

此鄭人所滅之許也卒之葬之復見於春秋之終聖人於興滅繼絶蓋汲汲焉義詳僖二十年部子来朝

九月螽○冬十有一月有星孛于東方

志天變也

盜殺陳夏區夫

志人禍也春秋之法徼者窮諸人賊者窮諸盜書盜殺蔡侯申書盜殺陳夏區夫國君卿大夫而盜得殺之亂賊之黨窮於上下矣

十有二月螽

志異也九月螽十二月螽天災人禍至此已極

春秋所以絶筆

十有四年春西狩獲麟

此與鳳鳥河圖之歎同義顔淵死子曰噫天喪

予子路死子曰噫天祝予西狩獲麟子曰吾道

窮矣公羊傳深得經旨〇孟子歷叙堯禹以來

治亂而終以孔子之作春秋已之闢邪説蓋綜

帝王師儒通古今上下而言之宰我知聖人以

爲賢於堯舜韓愈稱孟子以爲功不在禹下正

謂此爾然則春秋者千聖治術之統滙孟子者百家學術之疏瀹也孟子述孔子作春秋之説曰其事則齊桓晉文其文則史其義則丘竊取之矣其自為説曰春秋無義戰非精於義者詎易與於斯今折衷諸家之説歸于孔孟為取義測焉迂齋法坤宏識

十二 迂齋藏书

粤東省城西湖街六書齋刊刻

110767